W0045869

Martin von Tours – Ikone der Nächstenliebe

Gebhard Fürst (Hg.)

Martin von Tours –
Ikone der Nächstenliebe

Schwabenverlag

VERLAGSGRUPPE PATMOS

PATMOS
ESCHBACH
GRÜNEWALD
THORBECKE
SCHWABEN

Die Verlagsgruppe
mit Sinn für das Leben

Für die Schwabenverlag AG ist Nachhaltigkeit ein wichtiger Maßstab ihres Handelns. Wir achten daher auf den Einsatz umweltschonender Ressourcen und Materialien.
Dieses Buch wurde auf FSC®-zertifiziertem Papier gedruckt. FSC (Forest Stewardship Council®) ist eine nicht staatliche, gemeinnützige Organisation, die sich für eine ökologische und sozial verantwortliche Nutzung der Wälder unserer Erde einsetzt.

Alle im Inhaltsverzeichnis nicht namentlich gezeichneten Texte sind Beiträge des Herausgebers.

Umschlaggestaltung: Finken & Bumiller, Stuttgart
Umschlagabbildung: Martinus-Skulptur von Karl Ulrich Nuss
Druck: CPI – Ebner & Spiegel, Ulm
Hergestellt in Deutschland

ISBN 978-3-7966-1564-1

Inhalt

Martinus – diakonisch Handelnder

Martinus – Patron der Diözese Rottenburg-Stuttgart

Martinus – der erste Europäer

Vorwort

Ein Martinusbuch in Zeiten der Kirchenkrise? Ein Martinusbuch in Zeiten des Dialogprozesses? Eine Predigtsammlung in Zeiten, in denen die Menschen weniger hören als mit uns sprechen wollen, in Zeiten, in denen wir als Kirche noch mehr hörende Kirche sein müssen? Der heilige Martin, zugewandt dem Nächsten und damit Gott – genau in dieser Haltung liegt der entscheidende Impetus für glaubwürdiges Kirchesein heute. In der Annahme des Nächsten auf Augenhöhe liegt die entscheidende Einstellung, die allein Menschen heute dazu bewegt, uns als Kirche positiv wahrzunehmen. Deshalb ist ein Rückblick auf einen Heiligen und seine Vita, auf seine Akzente, auch immer ein Ausblick für unser Handeln als Kirche insgesamt, in ihren Diensten, Ämtern und Ehrenämtern, ja für uns alle als Getaufte und Gefirmte.

Martinus: Heiliger, diakonischer Christ, Diözesanpatron, Europäer – von verschiedenen Seiten her wird er hier betrachtet, in Predigten und Reden, die ich als Bischof in den letzten Jahren gehalten habe, sowie einem schriftlichen Beitrag und in Predigten, die von anderen Personen beigesteuert worden sind. Immer geht es darin um Martinus, aber nie bleiben wir in der Betrachtung bei ihm stehen. Immer mit eingewoben ist die Perspektive des Woher des Handelns dieses Heiligen und des Wofür – die basale Gottesbeziehung und die radikale Nächstenliebe. »Was ihr für einen meiner Geringsten getan habt, das habt ihr mir getan« (Matthäus 25). Dieses Wort der diakonischen Realpräsenz, der realen Begegnung mit dem im Schwachen, Gebeugten, Kranken und Armen erfahrbaren Auferstandenen, begriffen zu haben und dies zu leben, darum allein ging es Martin – und dies wollen die aufgeführten Predigten in ihrem je eigenen Kontext einfangen.

Ich freue mich, dass der Schwabenverlag diese Sammlung einzelner, bislang für sich stehender Texte nun gebündelt publiziert. Die Anlässe, für die sie entstanden sind, finden sie im Anhang. Mein besonderer Dank gilt Frau Gertrud Widmann und Herrn Dr. Thomas Hanstein für das Redigieren der Texte und die Drucklegung dieses Büchleins.

In der gegenwärtigen Krise unserer Kirche wird es vor allem davon abhängen, ob es uns gelingt, verloren gegangenes Vertrauen zurückzugewinnen. Das diakonische Handeln, das das Zweite Vatikanische Konzil als Aufgabe der ganzen Kirche sieht, wird ein entscheidender Schlüssel dafür sein, wie uns dies gelingen kann. Aus der Kraft des Glaubens heraus Gutes tun, darin Gott bezeugen und so glaubwürdig, authentisch und zeitgemäß zu sein – dazu möchte dieses Büchlein anregen, weshalb ich ihm eine gute Lektüre wünsche. Ich wünsche uns, dass wir den Geist dieses Heiligen, der, gleich nach Maria, an zweiter Stelle als Patron der Kirchen unserer Diözese Rottenburg-Stuttgart rangiert, immer wieder neu wahrnehmen, durchdringen und im eigenen Tun beleben können.

Rottenburg, am 15. April 2011,
dem Tag der Einweihung des Martinuswegs

BISCHOF DR. GEBHARD FÜRST

Begegnung auf Augenhöhe

Rede zur Einweihung der von Karl Ulrich Nuss geschaffenen Martinus-Skulptur

Der heilige Martin ist der Patron unserer Diözese Rottenburg-Stuttgart. Vom Geburtsort Martins aus habe ich ihn im Juli 2007 zur Leitfigur der Pastoral unserer Diözese ausgerufen. Und in diesem doppelten Zusammenhang habe ich auch die Schaffung einer Martins-Skulptur in Auftrag gegeben. Mit großer Freude darf ich heute die neue Skulptur des heiligen Martin von Tours enthüllen und segnen. Professor Karl Ulrich Nuss aus Strümpfelbach im Remstal hat sie geschaffen.

Hier, gewissermaßen am Eingangstor zur Rottenburger Innenstadt, zum Martinsdom hin, hier an dieser Stelle wird die Martinus-Skulptur die Gestalt des großen Heiligen an der Wiege eines christlichen Europas vergegenwärtigen und uns an sein Tun erinnern. Papst Benedikt XVI. nennt Martin die Ikone der Nächstenliebe. In seiner Gestalt tritt uns anschaulich vor Augen, was einen Christenmenschen ausmacht. Die Geschichte des Martinus – besonders die Mantelteilung vor den Toren von Amiens – wird deshalb bis heute weitererzählt, weil in ihr das Wort Jesu erfahrbar wird: »Was ihr für einen meiner geringsten Brüder, für eine meiner geringsten Schwestern getan habt, das habt ihr mir getan« (Mt 25,40).

Martin von Tours gibt den Gläubigen, besonders auch unserer Diözese, Orientierung, und er erinnert uns daran, dass die Kirche Jesu Christi eine diakonische, eine helfende, eine heilende Kirche ist.

Die Gestalt des heiligen Martin als Heiliger Europas ist für uns heute von großer Aktualität. Es gibt manchen Grund zur Sorge, dass im zusammenwachsenden Europa die soziale Dimension unseres Zusammenlebens Schaden nimmt und immer mehr Menschen unter die Räder kommen. Das ist für die betroffenen Menschen eine belastende Entwicklung. Es würde zudem eine Verarmung der religiösen und der kulturellen Seele Europa bedeuten, wenn das christliche Gebot der Nächstenliebe als Grundlage europäischer Humanität in Vergessenheit geriete. Der heilige Martin ist daher für uns eine bleibende Aufforderung zur Wachsamkeit.

Ein Kunstwerk spricht für sich selbst und will entdeckt und durch die Betrachter in persönlicher Deutung angeeignet werden. Verstehen Sie die folgenden Worte daher nicht als Erklärung, sondern als einen persönlichen Hinweis. Bei einer Martinus-Skulptur erwartet man eigentlich einen Offizier hoch zu Ross, der dem Bettler zu seinen Füßen die Gabe seines halben Mantels zukommen lässt. So kennen wir es von fast allen Darstellungen dieses großen Heiligen über die Jahrhunderte hinweg. Professor Nuss hat mit dieser Plastik einen anderen Weg beschritten. Er ist damit übrigens zurückgekehrt zur allerersten bekannten Darstellung dieser Mantelteilungsszene, einer frühmittelalterlichen Buchmalerei aus dem Fuldaer Sakramentar von 970/980. Dort wie hier sitzt der heilige Martin nicht hoch zu Ross, sondern er begegnet dem hilfebedürftigen Menschen zu ebener Erde, »auf Augenhöhe«, wie wir heute oft sagen. Es geht hier nicht um Hilfe »von oben herab«. Im Vordergrund steht vielmehr die Begegnung, die Nähe von Ich und Du. Und was Martinus mit dem frierenden Bettler teilt, ist nicht in erster Linie ein Stück Mantel, sondern etwas von sich selbst: seine Liebe, seine anteilnehmende Solidarität. Es ist eine Szene der Selbst-Mitteilung, und in ihr spiegelt sich die Selbst-Mitteilung, die Offenbarung der Liebe Gottes, der einer von uns geworden ist, um uns in Jesus Christus »auf Augenhöhe« zu begegnen. Dass diese Selbstmitteilung sich auch »materialisiert«, zeigt sich in der liebend-helfenden Tat für den Bettler, der sich Martin dann als Christus offenbart. »Martin hat *mich* mit diesem Gewand bekleidet«, spricht Christus zu ihm im Traum (wörtliches Zitat aus Sulpicius Severus).

In dieser Skulptur verwandelt sich das Verhältnis von Oben und Unten in ein Verhältnis des Miteinanders, der Gegenseitigkeit. Die trennende Wand ist in den Hintergrund getreten und durchlässig geworden. Nicht nur Martinus ist der Schenkende, sondern auch der Mensch, dem er hier nahe ist. Nicht nur der Bettler ist der Beschenkte, sondern auch Martinus selbst. So wird diese Szene zu einem tiefen Symbol gelebter Caritas, ja noch mehr – zu einem Symbol und Leitbild für unsere Kirche und für unsere Pastoral: eine Kirche und eine Pastoral, die Anteil nimmt und Anteil gibt; die den Menschen zutiefst in seiner Würde achtet, indem sie ihm nicht als Objekt, sondern als Subjekt begegnet, indem sie ihn in seinem unverwechselbaren Personsein stärkt und dadurch selbst reich und beschenkt wird.

Und ein zweiter Gedanke: Diese Skulptur steht auch für uns, die Betrachter, nicht auf einem Sockel, sodass wir bewundernd und staunend zu ihr hinaufsehen müssten. Nein, sie steht auf ebener Erde. Sie für uns begehbar. Wir können ganz nahe hingehen, uns neben die dargestellten Personen stellen, diese erkunden, nach unserem eigenen Part in dieser Szene suchen. Wir können uns dabei sowohl als Beschenkte als auch als Schenkende verstehen. Als Menschen, nach deren Anteilnahme gefragt wird; aber auch als Menschen, die aktiv teilhaben wollen und sollen in der Kirche, ja: aktiv teilhaben an der unermesslichen Liebesbegegnung zwischen Gott und Mensch.

Im Tiefsten ist diese Skulptur daher auch ein Gleichnis für die Kirche als dem Ort, dem Sakrament der Christusbegegnung. Möge der heilige Martin uns immer mehr zum Vor-Bild werden, uns selbst und unsere Ortskirche in Christus zu erneuern! Der heilige Martin möge immer mehr zur Orientierungsfigur und zum Leitbild unserer Pastoral werden! Möge die Martins-Skulptur – hier in aller Öffentlichkeit aufgestellt – uns zu dem bewegen, wozu wir alle berufen sind.

GEBHARD FÜRST

Martinus – gestern und heute

Der heilige Martin:
Sein Leben – seine Zeit – seine Nachwirkung

Das heutige Bild vom heiligen Martin ist vor allem das Bild der Mantelteilung. Jahr für Jahr am 11. November wird die berühmte Szene in vielen Städten und Dörfern nachgestellt. Scharen von Kindern ziehen mit Laternen durch die Straßen und besingen die gute Tat des Sankt Martin. Verschiedene Martinsaktionen erinnern uns an unsere Verpflichtung, mit den Bedürftigen zu teilen.

Was wissen wir sonst noch von diesem volkstümlichen Heiligen, auf dessen Namen unzählige Kinder in aller Welt getauft, dem Tausende von Kirchen und Klöstern geweiht wurden? Die Auskunft auf diese Frage dürfte bei vielen spärlich ausfallen. Denn der weitere Lebensweg des Martin von Tours ist großenteils in Vergessenheit geraten und damit zugleich die tieferen Gründe für seine Verehrung in der Kirche und seine herausragende Bedeutung für die europäische Geschichte und Kultur.

Die Martinusverehrung setzte schon bald nach seinem Tod ein. Sein Grab wurde schon früh zu einer Pilgerstätte, zu der Menschen aus ganz Europa zusammenkamen. Die Martinuswallfahrt war nach der Jakobuswallfahrt eine der wirkkräftigsten Pilgertradition Europas. Sie führte Menschen aus aller Herren Länder zusammen und hat einen wirkungsvollen Beitrag zur europäischen Völkerverständigung geleistet.

Martin als Heiligen Europas zu bezeichnen, ist nicht überzogen. Seine europäische Bedeutung rührt daher, dass die Franken ihn zum Schutzpatron des Fränkischen Reiches gekürt haben. Die meisten Kirchen, die dem heiligen Martin geweiht sind, entstanden unter fränkischer Herrschaft. Zu Lebzeiten war Martin Missionar der Gallier. Kaum einer missionierte in Gallien so offensiv und wirkungsvoll wie er. Nach seinem Tod aber wurde er mittelbar zum Missionar der Merowinger und der Franken sowie jener Völker, über welche die Franken herrschten und unter deren Herrschaft das Christentum sich ausbreitete. Wer nach der Bedeutung Martins für unsere Zeit fragt, findet in dieser Tatsache bereits eine eindrucksvolle Antwort. Martin hat den Gang der Geschichte Europas in kaum zu ermessender Weise beeinflusst.

Auch in kultureller und geistlicher Hinsicht gingen von Martin weitreichende Impulse aus. Es ist nicht übertrieben, ihn als Mitbegründer des abendländischen Mönchtums zu betrachten. Die älteste Ordensregel stammt bekanntlich von Augustinus, einem Zeitgenossen Martins. Doch bevor Augustinus diese Regel verfasste, und Jahrhunderte vor dem heiligen Benedikt hatte Martin bereits zu einer eigenen Form des Mönchtums gefunden, die für das abendländische Ordensleben stilbildend sein sollte. Was prägt diese Form des Ordenslebens? Es ist die Verbindung von Abgeschiedenheit und städtischem Leben. Die auf Martin zurückgehenden Klöster befinden sich in unmittelbarer Nähe zur Stadt. Darin unterscheiden sie sich elementar von den Klöstern und Eremitagen im Orient, wo sich die Eremiten und Koinobiten in die Einöde und Wüste begaben. Auch als Bischof blieb Martin Mönch. Er zog sich jedoch nicht in sein Kloster zurück, sondern unternahm weite Missionsreisen und bezog Position zu zentralen Fragen seiner Zeit. Martins monastisches Leben ist gekennzeichnet durch die Verbindung von Aktion und Kontemplation, zugleich von Mystik und Politik. Nicht umsonst hat der heilige Benedikt, der das »ora et labora« (bete und arbeite) in den Mittelpunkt seiner

Klosterregel rückte, die erste Kirche seiner Klostergemeinde dem heiligen Martin geweiht; und nicht umsonst haben die Benediktiner, ohne die Europa heute nicht das wäre, was es ist, die Verehrung Martins besonders gefördert.

Was von Martins Lebensweg bekannt ist, geht im Wesentlichen – neben zwei weiteren Quellen – auf den Lebensbericht (Vita Sancti Martini) seines Freundes Sulpicius Severus zurück. Sulpicius Severus wurde um 360 als Sohn einer vornehmen Familie im Südwesten des heutigen Frankreich geboren. Er studierte in Bordeaux und begann eine hoffnungsvolle Karriere als Anwalt. Nach dem frühen Tod seiner Frau und angeregt durch das Beispiel seines Freundes Paulinus von Nola, gab er seinen Beruf auf und beschloss, ein asketisches Leben zu führen. Hierfür zog er sich zusammen mit einigen Gefährten auf einen Familienbesitz, das Gut Primuliacum, in der Nähe von Narbonne oder Toulouse zurück. In Primuliacum verfasste er neben seiner berühmten Weltchronik auch seine Schriften zum heiligen Martin. Da die Vita des heiligen Martin bereits vor dessen Tod fertiggestellt und verbreitet worden war, wird das Sterben Martins in einem von drei Briefen dargestellt, die Sulpicius Severus nach Martins Tod verfasste und veröffentlichte. Der Vollständigkeit halber seien noch drei Dialoge und ein Kapitel aus der Weltchronik erwähnt, in denen Sulpicius Severus eine Reihe von Ergänzungen zu Martins Vita nachträgt.

Gemäß den Schriften des Sulpicius Severus stellt sich Martins Lebensweg in Kürze wie folgt dar:

Martin wurde vermutlich im Jahr 316/317 in Pannonien, dem heutigen Ungarn, geboren. Das Geburtsjahr ist nicht ganz sicher, weil es in den biografischen Angaben des Sulpicius Severus Widersprüche gibt, die sich nicht auflösen lassen. Als Geburtsort ist Szombathely (Steinamanger) angegeben. Martins Vater war Offizier. Bald nach Martins Geburt wird dieser nach Pavia in Oberitalien versetzt, wo Martin aufwächst. Widerwillig, jedoch dem Wunsch des Vaters gehorchend, beschreitet auch Martin im 16. Lebensjahr die militärische Laufbahn. Er wird in Amiens, Frankreich, stationiert. Dort ereignet sich die berühmte Szene der Mantelteilung. Das dürfte um 334 gewesen sein, als Martin 17 oder 18 Jahre alt war.

Bald darauf, etwa 18-jährig, lässt sich Martin taufen. Wie lange Martin beim Militär war, ist unsicher. Laut Sulpicius Severus waren es zwei Jahre. Diese Angabe lässt sich jedoch mit anderen Angaben und Annahmen kaum vereinbaren. Möglicherweise will Sulpicius die Militärzeit so kurz wie möglich erscheinen lassen, weil sich Militärdienst mit dem christlichen Selbstverständnis nur schwer vereinbaren ließ. Möglicherweise hat Martin jedoch die übliche Militärzeit, das waren insgesamt 25 Jahre, absolviert, bevor er Kaiser Julian um seine Entlassung bat, um – wie es heißt – künftig ein »Soldat Christi« zu sein.

Nach seiner Entlassung vom Militär geht Martin nach Poitiers, um den dortigen Bischof Hilarius aufzusuchen. Dessen Glaubenstreue und überzeugende Lebensweise war weit über seine Diözese hinaus bekannt. Hilarius ist von Martin beeindruckt und möchte ihn zum Diakon weihen, was Martin laut Sulpicius ablehnt, weil er sich nicht für würdig hält. Allerdings stimmt er der Weihe zum Exorzisten, der damals niedrigsten Weihestufe, nach einigem Überreden zu. 356 wird Hilarius im Zusammenhang mit grundlegenden Auseinandersetzungen um den rechten christlichen Glauben vom Kaiser ins Exil verbannt.

Im Zentrum der damaligen Kontroversen, welche die Kirche zutiefst spalteten, stand die Frage, ob sich in Jesus Christus Gott selbst offenbart hat, ob Christus somit Gott gleich ist, oder ob er ein Geschöpf Gottes ist. Es ging damit zugleich um die Frage der Dreieinigkeit Gottes. Arius, ein Priester aus Alexandrien, vertrat die Auffassung, Christus sei Gott ähnlich, aber nicht Gott gleich. Weil die Streitigkeiten die Einheit des römischen Reiches gefährdeten, berief Kaiser Konstantin im Jahr 323 ein Konzil ein, das berühmte Konzil von Nizäa, auf dem die Kernaussagen des Glaubensbekenntnisses formuliert wurden, für das sich auch Martin mit aller Kraft einsetzte:

»Wir glauben an den einen Herrn Jesus Christus,

Gottes eingeborenen Sohn,

aus dem Vater geboren vor aller Zeit:

Gott von Gott, Licht vom Licht,

wahrer Gott vom wahren Gott,

gezeugt, nicht geschaffen,

eines Wesens mit dem Vater.«

Damit sprach sich das Konzil gegen die Lehre des Arius aus. Doch die Auseinandersetzungen dauerten noch Jahrhunderte an und spalteten die ganze Christenheit.

Die Verbannung des Hilarius zwingt Martin, seine Pläne zu ändern. Er reist nach Pannonien, Ungarn, wo mittlerweile seine Eltern leben, um sie zu besuchen. Er überzeugt seine Mutter vom christlichen Glauben. Sie lässt sich von ihm taufen. Sein Vater kann sich zu diesem Schritt nicht entschließen.

Es folgen Missionierungsversuche in Illyrien (Balkan). Daraufhin finden wir Martin in Oberitalien, in der Gegend von Mailand. Es folgt ein Versuch, als Eremit auf der Insel Gallinaria zu leben. Dort zieht er sich eine lebensgefährliche Pflanzenvergiftung zu, überlebt sie jedoch.

Als er erfährt, dass Bischof Hilarius wieder nach Poitiers hat zurückkehren dürfen, begibt er sich nach Frankreich in die dortige Bischofsstadt. Acht Kilometer südlich, in Ligugé, macht er eine neue Einsiedelei auf, wo sich bald schon Gleichgesinnte einfinden, um mit ihm zu leben.

Im Jahr 371 wird Martin durch Akklamation des Volkes – gegen den Willen der Bischöfe benachbarter Diözesen – zum Bischof von Tours gewählt. Wenn das Geburtsjahr 316/17 richtig ist, ist Martin nun 54 Jahre alt. Martin zieht nicht in ein Bischofshaus in Tours, sondern zunächst in einen kleinen Anbau seiner Bischofskirche. Aber auch dort findet er nicht zu dem Lebensstil, den er sucht. So richtet er sich ein Kloster vor den Toren der Stadt ein. Aus diesem Anfang wird das bedeutende Kloster Marmoutier hervorgehen. Als Bischof bleibt Martin Mönch, als Mönch leitet er seine Diözese. Er begibt sich auf eine stattliche Reihe von Missionsreisen, vor allem in die ländlichen Gegenden an der mittleren Loire. Aus diesen Jahren berichtet uns sein Biograf viele Heilungen und Wundertaten, aus denen sich vor allem eines ablesen lässt: Martin war ein Mann von außergewöhnlicher Wirkung auf die Menschen. Sie vertrauten ihm. Und er vertraute ohne jeglichen Rückhalt Gott, nicht seinen eigenen Kräften und Fähigkeiten, schon gar nicht setzte er auf seine formale Amtsautorität und noch weniger auf die Instrumente irdischer Macht. Es gibt viele Beispiele dafür, dass er sich vehement dagegen wehrte, dass der Staat innerkirchliche Angelegenheiten regelt.

Im Jahr 397, gemäß der sogenannten Langbiografie, stirbt Martin am 8. November auf einer Pastoralreise in der Stadt Candes im Alter von 80/81 Jahren. Am 11. November wird er in Tours in Begleitung einer großen Menschenmenge beerdigt. Die äußeren Lebensdaten lassen die Faszination, die von der Person Martins ausgegangen sein muss, nicht wirklich begreiflich machen. Sie lassen nicht deutlich werden, warum diesem Menschen schon zu Lebzeiten eine Verehrung zuteil wurde, die die Grenzen seines Jahrhunderts bis in unsere Gegenwart hinein überschritten hat.

Dem Lebensbericht des Sulpicius Severus ist deutlich nachzuspüren, dass er versucht, etwas von dieser Faszination zu vermitteln. Er hat keinen historischen Tatsachenbericht im heutigen Verständnis vorgelegt. Geschichtliche und legendäre Elemente durchdringen sich, und es ist unmöglich, das eine vom anderen zu trennen. Dieser Stil entspricht dem Denken einer Zeit, die nicht wie die unsere vom Ideal empirisch-naturwissenschaftlichen Denkens beherrscht war. An psychologisch feinsinnigen Charakterbildern oder genauen Analysen historischer Zusammenhänge waren damalige Biografen nicht interessiert. Sie versuchten vielmehr, das Überragende und Einzigartige einer Gestalt durch eine legendäre Schreibweise zum Ausdruck zu bringen.

Legendär heißt freilich nicht frei erfunden. Mehrfach betont Sulpicius Severus, dass er im Gespräch mit Martin und seiner Umgebung genaue Forschungen angestellt habe und nur Wahres und Sicheres berichten wolle. Dass er dies aus einer starken, durchaus auch idealisierenden Begeisterung für Martin und aus einer inneren Ergriffenheit heraus tut, dürfen wir getrost annehmen, ebenso den Umstand, dass er sich bei der Hervorhebung von Martins »asketischer Seite« sehr stark vom spätantiken Ideal der Askese leiten lässt. Sulpicius Severus möchte den Lesern seiner Zeit zweifellos klarmachen, dass Martin bezüglich seiner asketischen Strenge den Mönchen des Ostens in nichts nachsteht. Dabei spielt nicht zuletzt auch der persönliche Patriotismus des Autors eine Rolle: »Die gallischen Lande wurden von Christus keineswegs vernachlässigt, da er ihnen gewährt hat, einen Martinus zu haben« (Dialog III 17,6).

Von Anfang an gaben die vielen im Lebensbericht enthaltenen Wunderberichte Anlass zur Skepsis. Doch würden wir bei aller berechtigten Vorsicht im Einzelnen dem Autor wohl kaum gerecht werden, sollten wir seiner Schrift wegen der Wunderberichte grundsätzlich die Glaubwürdigkeit absprechen. Sulpicius Severus schildert als religiöser Mensch das Leben eines religiösen Menschen, und dies in einer Zeit, in der der Glaube an die Möglichkeit von Wundern selbstverständlicher zur religiösen Weltanschauung gehörte, als dies heute der Fall ist. Grundsätzlich ist zu sagen, dass sich die Frage nach dem Wahrheitsanspruch nachbiblischer Wunderberichte im Prinzip nicht anders stellt als bei den Wunderberichten der Bibel.

Es kommt Sulpicius Severus vor allem darauf an zu verdeutlichen, dass sich Martin in seinem Leben nicht nur von der Liebe zu Jesus Christus leiten ließ, sondern dass der Auferstandene selbst in seinem Leben wirksam war. Stets betont er, dass Martin seine Begabung als Wundertäter und Exorzist nicht sich selbst zuschrieb, sondern Christus.

Sulpicius Severus schildert den heiligen Martin als einen Menschen, der sein Leben ganz von Jesus Christus her und auf ihn hin gestaltete. Martin wird als großer Beter beschrieben, der im Bewusstsein lebte, dass er alles, was er ist und vermag, dem Willen Gottes verdankt. Seine Orientierung an Christus machte ihn in besonderer Weise frei und unabhängig von den Maßstäben dieser Welt. Da ihn die Sorge um Besitz, Einfluss und Ansehen nicht belastete, konnte er sich den Fragen und Nöten seiner Zeit umso freier zuwenden, mit einem unbestechlichen Blick für das Wesentliche, einem scharfen Unterscheidungsvermögen und einer Zivilcourage, die seine Zeitgenossen immer wieder in Staunen versetzte. Die Liebe zu Christus begründete zugleich Martins Solidarität mit den Armen und

Leidenden. Hatte er doch schon in jungen Jahren die Erfahrung gemacht, dass ihm im Bettler Christus selbst begegnet ist.

Insbesondere diese Hinwendung zu den Armen und die Bereitschaft, mit ihnen zu teilen, stehen heute im Mittelpunkt des Gedankens an Martin. Die vielen Hilfsaktionen, die in seinem Namen initiiert und durchgeführt werden, machen deutlich, dass das Zeugnis des heiligen Martin bis heute wirkt und aktuell ist. Martins Bedeutung geht jedoch über sein soziales Engagement hinaus. Seine Liebe zum Nächsten speiste sich aus seiner Liebe zu Gott. Die tätige Hilfe und das Gebet gehörten für ihn untrennbar zusammen.

Martin lebte in einer Zeit, die Parallelen erkennen lässt zur heutigen Gegenwart. Es war eine Zeit tiefer Verunsicherung. Die gewohnten Macht- und Lebensverhältnisse gerieten ins Wanken. Das Imperium zeigte bereits deutliche Risse. Es fehlte an klaren Zukunftsperspektiven. Das römische Reich war ein Schmelztiegel unterschiedlichster Kulturen, die innerhalb der Grenzen in freiem Austausch standen. Allein schon die Lebensstationen Martins zeigen, wie weit der Bewegungsradius damals war. Wir begegnen ihm im heutigen Ungarn, in Italien, Kroatien, Frankreich, Deutschland. Zur Vielfalt der Kulturen kommt die Gleichzeitigkeit verschiedenster religiöser Strömungen und Bewegungen. Nicht anders als heute war die Zeit Martins eine Zeit der Suche nach Orientierung, nach Sinn, nach Halt. Und es war wie heute eine Zeit der Neuaufbrüche, der Entwicklung neuer Formen des Zusammenlebens. Damals wie heute gab es innerkirchliche Auseinandersetzungen von großer Tragweite.

In dieser Zeit und darüber hinaus wurde Martin vielen zum Vorbild einer dienenden, missionarischen, freimütigen, geistbeseelten und solidarischen Kirche, einer Kirche, die Gott mehr zutraut als den eigenen Konzepten, die daher bereit ist, sich aus der Treue zu ihrer Botschaft auch verändern zu lassen. Die Impulse, die von Martin ausgehen, sind es wert, dass wir uns mit ihnen auseinandersetzen, nicht nur um der Bedeutung des heiligen Martin gerecht zu werden, sondern auch im Blick auf die Herausforderungen unserer Gegenwart.

Joachim Drumm

Der Martinusweg – Auf den Spuren des Heiligen

2005 hat der Europarat den Martinusweg (»Via Sancti Martini«), der die Geburtsstadt des heiligen Martin, Szombathely in Ungarn, mit seiner Grablege in Tours in Frankreich verbindet, in die Liste der Kulturwege aufgenommen. Martinuswege gibt es mittlerweile in Frankreich, Italien, der Slowakei und in Tschechien. Die Diözese Rottenburg-Stuttgart, die unter dem Patrozinium des heiligen Martin steht, hat diese Idee aufgegriffen. Am 15. April 2011 wurde der Martinusweg von Bischof Dr. Fürst feierlich eröffnet. Unsere Diözese versteht und gestaltet den Martinusweg als Pilgerweg, auf dem die Pilgerinnen und Pilger eingeladen sind, sich mit dem heiligen Martin auf einen geistlichen Weg zu begeben und sich mit seinem Glaubenszeugnis, seinem Leben und seinem Wirken auseinanderzusetzen. Pilgern auf dem Martinusweg kann so zur Spurensuche werden: nach Spuren des heiligen Martin in unserer Diözese, aber mehr noch nach Spuren Gottes in unserem Leben.

Der Martinusweg durch unsere Diözese verknüpft an einer gedachten Achse entlang die beiden »Martinsorte« Szombathely und Tours. Aus dieser Achse heraus ergibt sich ein Hauptweg von Tannheim bei Biberach nach Schwaigern bei Heilbronn, der verschiedene Kirchen mit einem Martinspatrozinium miteinander verbindet. Der Wegverlauf geht über Biberach, Ulm, Hechingen, Böblingen, Stuttgart und Heilbronn. Um auch andere Martinskirchen in der Diözese mit dem Martinusweg und seinem geistlichen Anliegen als Pilgerweg in Verbindung zu bringen, gibt es weitere Regionalwege des Martinuswegs, die auf diesen Hauptweg zuführen: vom Bodensee über das Allgäu nach Biberach; von Mergentheim nach Heilbronn; von Sigmaringen nach Hechingen und von Zwiefalten über Reutlingen nach Rottenburg. Wesentliche Kriterien für die Streckenführung dieses Pilgerwegs sind also, innerhalb der Diözese ein Wegstück auf dem europäischen Martinusweg zu ermöglichen und dabei Martinskirchen und kirchliche Einrichtungen, die im Geiste des heiligen Martin tätig sind, mit dieser Pilgeridee zu verknüpfen.

Um Belastungen der Natur zu vermeiden, wurde bei der Wegführung nach Möglichkeit auf bereits vorhandene und eingeführte Wege zurückgegriffen, z. B. auf Jakobuswege und Wege des Schwäbischen Albvereins. Damit der Martinusweg aber als eigenständiger Pilgerweg erkennbar wird, wurde der Wegverlauf im Frühjahr 2011 mit einem eigenen Wegzeichen versehen, einem schmalen gelben Kreuz auf dunkelrotem Grund.

Für diesen nicht nur Wander-, sondern geistlichen Weg finden sich im Internetauftritt praktische Hinweise zum Pilgern wie Etappenvorschläge, Informationen zum Wegverlauf und Höhenprofil, Kartenmaterial oder Hinweise zu sehenswerten Kirchen am Wegverlauf. Daneben finden sich Texte zum Leben und Wirken des heiligen Martin wie zum Pilgern allgemein und Gebete und geistliche Impulse.

Der Martinusweg in unserer Diözese ist in verschiedene Etappen unterteilt. Die Etappen sind im Prinzip so konzipiert, dass sie als Tagestouren gangbar sind und in größeren Orten enden, wo es auch Übernachtungsmöglichkeiten für Pilger gibt. Wo die Etappen aus geografischen Gründen etwas länger ausgefallen sind, wurde im Höhenprofil eine Linie eingezeichnet, wo sich eine Unterbrechung der Etappe anbietet.

Entlang des Wegverlaufs werden die Pilgerinnen und Pilger immer wieder auf sehenswerte Kirchen oder andere kulturelle Besonderheiten hingewiesen.

Sowohl mit dem Martinusweg als auch mit dem Internetauftritt steht die Diözese am Beginn einer neuen Pilgerinitiative. Der Martinusweg ist kein fertiges Angebot, kein fertiges Produkt, sondern ein Weg im Werden. Er steht erst am Anfang, und es wird deshalb noch einige Aktualisierungen geben. Auch dies gehört zur Erfahrung des Pilgerns.

Wegverlauf

Der Martinusweg in der Diözese Rottenburg-Stuttgart ist gegliedert in einen Hauptweg und vier Regionalwege, die auf

den Hauptweg zuführen. Das Wegenetz umfasst insgesamt fast 1.200 Kilometer. Der gesamte Weg ist aufgeteilt in einzelne Etappen, die an einem Tag leistbar sind und die in größeren Orten enden, wo es Übernachtungsmöglichkeiten gibt. Selbstverständlich sind diese Etappen nur Empfehlungen und Hilfestellungen.

Als einheitliches Wegzeichen auf dem Martinusweg wurden viele Wegkreuze entlang des Weges angebracht. Viele Menschen haben sich hier engagiert und ihre Unterstützung dieses Weges dadurch zum Ausdruck gebracht.

Aus der folgenden Karte wie aus dem Internetauftritt unserer Diözese kann der Wegverlauf entnommen werden.

Mario Kaifel

Martinusweg

durch die Diözese Rottenburg-Stuttgart

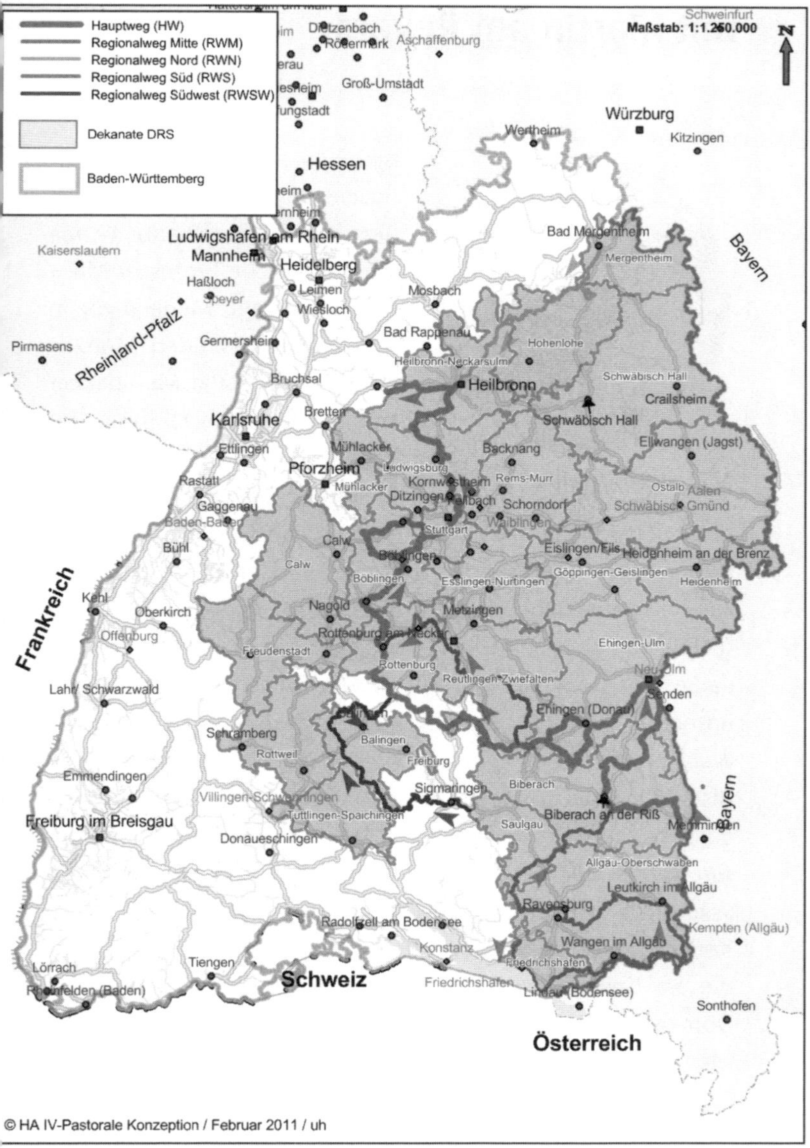

Legende:

— Hauptweg (HW)
— Regionalweg Mitte (RWM)
— Regionalweg Nord (RWN)
— Regionalweg Süd (RWS)
— Regionalweg Südwest (RWSW)

Dekanate DRS

Baden-Württemberg

Maßstab: 1:1.250.000

N

Schweinfurt

Dietzenbach
Aschaffenburg
Rödermark

Hattersheim am Main
lim
erau

esheim
ungstadt

Groß-Umstadt

Würzburg
Wertheim
Kitzingen

Hessen

eim
ernheim

Ludwigshafen am Rhein
Mannheim

Heidelberg

Bad Mergentheim
Mergentheim

Bayern

Kaiserslautern

Haßloch
Speyer

Leimen
Wiesloch

Mosbach

Bad Rappenau

Pirmasens

Germersheim

Rheinland-Pfalz

Bruchsal

Hohenlohe

Heilbronn-Neckarsulm

Heilbronn

Schwäbisch Hall

Karlsruhe

Bretten

Crailsheim

Ettlingen

Pforzheim

Mühlacker
Hedwigsburg

Schwäbisch Hall

Backnang

Ellwangen (Jagst)

Rastatt
Gaggenau
Baden-Baden

Mühlacker

Kornwestheim
Ditzingen Asbach
Ludwigsburg
Rems-Murr

Schorndorf

Ostalb Aalen
Schwäbisc Gmünd

Frankreich

Bühl

Calw

Calw

Böblingen

Stuttgart
Waiblingen

Bietigheim

Esslingen Nürtingen

Eislingen/Fils
Göppingen-Geislingen

Heidenheim an der Brenz
Heidenheim

Kehl

Oberkirch
Offenburg

Nagold
Rottenburg am Neckar

Metzingen

Freudenstadt

Rottenburg

Reutlingen-Zwiefalten

Ehingen-Ulm

Lahr/ Schwarzwald

Ehingen (Donau)

Neu-Ulm
Senden

Schramberg

Balingen

Rottweil

Freiburg

Emmendingen

Villingen-Schwenningen

Sigmaringen

Biberach

Bayern

Tuttlingen-Spaichingen

Saulgau

Biberach an der Riß

Memmingen

Freiburg im Breisgau

Donaueschingen

Allgäu-Oberschwaben

Leutkirch im Allgäu

Radolfzell am Bodensee

Ravensburg

Kempten (Allgäu)

Lörrach
Rheinfelden (Baden)

Tiengen

Konstanz

Wangen im Allgäu

Schweiz

Friedrichshafen
Friedrichshafen
Lindau (Bodensee)

Sonthofen

Österreich

© HA IV-Pastorale Konzeption / Februar 2011 / uh

Martinusmedaille und Martinusnadel: *Non recuso laborem* mit Martin am Revers

Martinusmedaille

Bevor im Jahre 1976 die Martinusmedaille von Bischof Moser gestiftet werden konnte, wurde der italienische Professor Manfrini beauftragt, Modelle von in Bronze zu gießenden Münzen zu erstellen. Prälat Mühlbacher traf sich dazu im Oktober des Jahres 1975 mit dem Künstler in Mailand und ließ sich dessen Entwurf vorstellen. Der vom Bischöflichen Ordinariat beauftragte Prälat findet einen in Ton modellierten Entwurf vor, »dessen beherrschende Figur der Bettler« sei, »dem die Christus-Gestalt gegeben wird«[1]. Auf der Rückseite zeigte die Medaille den Dom mit Marktplatz von Rottenburg und in der unteren Hälfte das Wappen von Bischof Moser mit dessen Wahlspruch. Mit einigen Änderungen wird dieser Entwurf vom Bischöflichen Ordinariat so angenommen werden. Die Medaille soll ca. 3 cm im Durchmesser betragen, in Bronze gegossen werden und bei der Firma in Mailand geprägt werden, die »sämtliche päpstliche Medaillen der letzten Jahre seit dem Konzil« gefertigt habe und daher »die versierteste Firma auf diesem Gebiet« sei.[2] Im Januar des folgenden Jahres wird Domkapitular Mühlbacher dem Künstler von der Wirkung der Medaille auf das Rottenburger Domkapitel berichten, nämlich, dass die nun vorliegende geprägte Medaille »von außerordentlicher Ausdruckskraft« sei und die »Bewunderung aller Betrachter«[3] gefunden habe.

Die Martinusmedaille kann als Ehrung einer Einzelperson, einer Gruppierung oder einer kirchlichen Einrichtung für deren »verdienstvolles Engagement« verliehen werden, welches »in beispielhafter Weise« repräsentiert sei. Auf der Grundlage der zum 1. Juni 2002 in Kraft zu setzenden ›Ordnung zur Verleihung kirchlicher Ehrentitel und Ehrenzeichen in der Diözese Rottenburg-Stuttgart‹[4], wurde am 1. März 2002 eine ›Ordnung für die Verleihung diözesaner und die Beantragung päpstlicher Auszeichnungen‹, kurz ›Ehrungsordnung‹, erlassen.[5] Danach kann der Bischof als diözesanes Ehrenzeichen die Martinusmedaille in Bronze oder in Silber verleihen. Die Medaille – entsprechend in Bronze oder in Silber – zeigt ein Bild des heiligen Martin und wird jährlich am Fest des Heiligen bzw. am entsprechenden Sonntag darauf verliehen. Anträge zur Verleihung der Martinusmedaille, die beim Bischof eingehen, werden in dessen Auftrag durch die von ihm eingesetzte Bischöfliche Ehrungskommission bearbeitet. Dabei können diese sowohl vom zuständigen Pfarramt bzw. der zuständigen kirchlichen Einrichtung im hergestellten Benehmen mit dem Dienstvorgesetzten (Dekan oder Hauptabteilungsleiter am BO) an den Bischof herangetragen werden. Wichtig ist, dass diese für das laufende Jahr bis zum Ende Juli eingehen müssen und dass die Anträge grundsätzlich, auch und im Besonderen gegenüber der betreffenden Person, vertraulich zu behandeln sind. Die notwendigen Bestandteile des Ehrungsantrags – wie die darzustellenden Verdienste des bzw. der zu Ehrenden – können o.a. Ordnung entnommen werden. Der Ehrungskommission obliegt die nicht geringe Verantwortung,

»Sorge für die Einhaltung der Ehrungsordnung sowie für eine gerechte und ausgewogene Praxis der Ehrungen in der Diözese«[6] zu tragen. Ihre Verfahrensaufgabe besteht darin, zu jedem einzelnen Antrag ein Votum abzugeben, aufgrund dessen der Bischof, der in der Regel die Beratung durch die Sitzung des BO einholt, über den Antrag entscheidet. Als Kriterien wurden festgesetzt: »Die Martinusmedaille in Bronze kann an Personen oder Gruppen bzw. Einrichtungen verliehen werden, die für Diözese und Kirche einen herausragenden Dienst geleistet haben, indem sie außerhalb ihres Amtes oder Dienstes oder ihrer beruflichen Funktion, selbstverantwortlich, in überdurchschnittlicher oder innovativer oder beispielhafter Weise, über längere Zeit oder in herausragenden Einzelfällen, über den Bereich der Gemeinde hinausreichend, Zeit, Gesundheit, Kraft und Vermögen mit anderen im Sinne des heiligen Martin geteilt haben.«[7] Darüber hinaus existiert die seltenere Form der Ehrung in Gestalt der silbernen Martinusmedaille (zuletzt einmalig verliehen im Jahre 2009), mit der der Bischof – nach Beratung und ergangenem Votum durch die Sitzung des BO – »herausragende Persönlichkeiten aus Kirche und Gesellschaft sowie Gruppen und Einrichtungen, die der Diözese und Kirche in besonderer Weise verbunden sind und deren Beziehung zur Diözese in besonderer Weise kirchlich oder gesellschaftlich verdienstvoll ist«[8], ehrt. In den Jahren von 1976 bis 1988 wurden 909 Medaillen verliehen, darunter 82 silberne; zwischen 1990 und 2010 belief sich die Zahl auf 436 Medaillen. Die Höchstzahl pro Jahr ist auf 25 Ehrungen festgesetzt, welche zudem »nicht in Verbindung mit persönlichen und beruflichen Anlässen erfolgen«[9] sollen – wie z.B. Dienstjubiläen oder Ausscheiden aus dem

Dienst. Ebenfalls existiert ein Ausschluss von dieser Ehrung für Diakone, Priester und Ordensleute.

Als Ehrung für verdiente Kirchengemeinderäte wurde im Jahr 2010 die kleiner – im Durchmesser 18 mm – gehaltene Martinusnadel eingeführt. Als Erfahrungshintergrund hatten, im Anschluss an die Kirchengemeinderatswahlen von 2005 und 2010, die Verantwortlichen am Bischöflichen Ordinariat festgestellt, dass das Angebot eines Briefes, in dem im Namen des Bischofs für die Verdienste Dank gesagt und das oft außergewöhnliche ehrenamtliche Engagement herausgestellt wurde, nicht auf uneingeschränkte Zustimmung bei den Empfängern gestoßen war. Frau Wahle-Hohloch von der HA IV, deren individuelle Formulierungen für die Briefe einen hohen Zeitaufwand darstellten, äußert, zu ihren Erfahrungen mit der Einführung der Ehrennadel befragt[10]: »Die Rückmeldungen auf die Briefe waren überwiegend begeistert, wie zum Beispiel: ›Das war der schönste Brief meines Lebens!‹« Manche Empfänger hätten sich jedoch auch enttäuscht geäußert: »Sie hätten lieber eine Urkunde gehabt.« – Und dies, obwohl pro Jahr mehrere hundert solcher Ehrungsbriefe erstellt und versandt wurden (2001 z.B. ca. 100; 2005 ca. 200), was einen sehr hohen Zeitaufwand bedeutete. So setzte sich die Steuerungsgruppe der Wahlen für den Kirchengemeinde- und Pastoralrat 2010 dafür ein, die in der Sitzung des BO genehmigte Ehrennadel für diesen Zweck zu verwenden. Wichtig war dabei von Anfang an, die Gemeinden aktiv in die Vorbereitungen mit einzubeziehen. So sollten diese auf eigenen Urkunden die Gründe für den Vorschlag aufführen. Für alle Beteiligten war es sensationell, dass im Anschluss an die Kirchengemeinderatswahl 2010 über 750 Ehrungsnadeln – das sind zahlenmäßig drei Viertel aller

Gemeinden in der Diözese Rottenburg-Stuttgart – erbeten wurden. Die Botschaft ist eindeutig: Die Menschen, die sich engagieren, wissen um ihre Leistung und wünschen sich eine sichtbare, symbolisierte, in einen feierlichen Rahmen gebrachte Würdigung. Das freiwillige Engagement – so unser Ansatz – ist tief in der christlichen Tradition verwurzelt. Es stellt einen unverzichtbaren Beitrag für das kirchliche Leben dar. Eine angemessene Würdigung der jeweiligen Person ist damit zugleich eine Wertschätzung unserer eigenen kirchlichen Tradition und Kultur. Eine sich über Jahre hinweg erstreckende ehrenamtliche Tätigkeit verdient daher eine besondere Würdigung und Auszeichnung. Das Bischöfliche Ordinariat möchte für diese Ehrung von Ehrenamtlichen den Trägern kirchlicher Einrichtungen die Martinusnadel zur Verleihung bereitstellen. Mit der Verleihung der Urkunde und der silbernen Ehrennadel – die an dieselbe Person nur einmal möglich ist – werden die Anerkennung der für die Kirche und ihr Wirken erbrachten Leistungen von Ehrenamtlichen sowie der Dank für deren langjähriges Engagement durch den Bischof ausgedrückt.

Sehr dankbar zeigen sich die Pfarrer und Gemeinden und die Leiterinnen und Leiter kirchlicher Einrichtungen über diese Möglichkeit, nach Antrag selbst eine Ehrung vergeben zu können – entspricht dies nur zutiefst dem Prinzip der Subsidiarität und befördert dies wieder neu Engagement und Kreativität. Die Adressaten dieser Ehrung und die Abläufe regelt eine Ordnung.[11] Nach dieser richtet sich die Ehrung an langjährige und verdienstvolle ehrenamtliche Mitarbeiterinnen und Mitarbeiter in Gemeinden und kirchlichen Institutionen – soweit diese Einrichtung keine eigenen Ehrungen vorsieht, sowie an Mitglieder der Kirchengemeinderäte, des Dekanatsrats und des

Diözesanrats, welche mindestens drei Wahlperioden, also über 15 Jahre hinweg, Verdienste erworben haben. Nach der Anschuborganisation durch das Bischöfliche Ordinariat wird die Vergabe der Martinusnadeln ab März 2011 über die Dekanatsgeschäftstellen koordiniert, die die Anträge entgegennehmen und den Versand organisieren. An diese können sich die Pfarrer bzw. Einrichtungsleiter in Vertretung ihrer Gemeinden bzw. Institutionen wenden. Über die Dekanatsgeschäftstellen stellt das Bischöfliche Ordinariat dann eine Blanko-Ehrenurkunde und die Martinusnadel zur Verfügung. Der Antragsteller ergänzt diese Vorlage mit dem Namen der oder des Ehrenamtlichen sowie der ehrenamtlich ausgeübten Tätigkeit und unterzeichnet die Urkunde.

»Non recuso laborem«[12]: Wer keine Mühen gescheut hat für das kirchliche Leben und die Weitergabe des Evangeliums in unsere Gesellschaft, für den sollte dieser Grundsatz auch im Hinblick auf eine angemessene Würdigung gelten. Die Martinusmedaille und Martinusmedaille: zwei Symbole, die auf je eigene Weise – mit der Darstellung des heiligen Martin – mit dem Verweis auf dieses Vorbild Menschen ehren. Menschen, die, indem sie »einem der Geringsten« Gutes getan haben, letztlich »IHM getan« (Mt 25,40) haben.

THOMAS HANSTEIN

Martinusmantel – mit Martin teilen

Bischöfliche Aktion Martinusmantel für Arbeitslose

Am Namenstag des heiligen Martin, des Patrons der Diözese Rottenburg-Stuttgart, wurde die »Aktion Martinusmantel für Arbeitslose« im Jahr 1987 der Öffentlichkeit vorgestellt. Seither bittet der Bischof jedes Jahr zum Martinstag um solidarische Unterstützung für die Aktion, die Projekte zur Eingliederung arbeitsloser Menschen fördert. Wie seine Vorgänger im Amt hat sich auch Bischof Dr. Gebhard Fürst in den Dienst dieser wichtigen Aktion gestellt. Im Jahr 2007 begab er sich zum Beispiel einen ganzen Tag lang in die Lage eines Arbeitssuchenden und sprach bei der Arbeitsagentur in Ravensburg vor. Diese Erfahrung hat er damals so formuliert: »Ich wünsche niemandem, dass er als Arbeitsloser oder als Geringverdiener diesen Weg anzutreten hat«[13].

Doch Arbeitslosigkeit ist ein bleibendes Thema. Durch die Bischöfliche Aktion Martinusmantel leistet die Diözese einen Beitrag, um der seit den 1980er Jahren anhaltenden Massenarbeitslosigkeit entgegenzutreten und betroffenen Menschen, die aus unterschiedlichsten Gründen auf dem Arbeitsmarkt besonders benachteiligt sind, wirksam zu helfen. Die Aktion knüpft an einen Solidaritätsfonds an, durch den seit 1983 zusätzliche Arbeitsplätze und Arbeitsbeschaffungsmaßnahmen finanziert wurden. In der Tradition dieses Solidaritätsfonds, der durch einen Gehaltsverzicht von Priestern gebildet wurde, wendeten sich die Spendenaufrufe der Aktion Martinusmantel zunächst an die Bediensteten in den kirchlichen Einrichtungen der Diözese, um sukzessive auf die Gesamtheit der Gläubigen und die Öffentlichkeit schlechthin ausgeweitet zu werden. Mittlerweile ist auch die diözesanweite Martini-Kollekte Anfang November ein fester Bestandteil der Aktion. Zusätzliche Haushaltsmittel der Diözese tragen dazu bei, dass jährlich 12 bis 20 Qualifizierungs- und Beschäftigungsprojekte für Arbeitslose zuverlässig mit knapp 500.000 EUR gefördert werden. Seit Bestehen der Aktion wurden 12,5 Millionen Euro für mehr als 145 Projekte und Maßnahmen aufgewendet, durch die rund 6.800 Menschen berufliche Hilfen erhielten.

Sich im Zeichen Martins für Arbeitslose stark machen

Nicht nur in Wirtschaftskrisen, auch in Zeiten des konjunkturellen Aufschwungs bleibt vielen Arbeitssuchenden die Teilhabe am Erwerbsleben verwehrt. Viele Firmen stellen keine Mitarbeiter über 50 Jahre mehr ein, während paradoxerweise ihre Lobbyverbände einen Fachkräftemangel beklagen. Vor allem Menschen mit geringer schulischer und beruflicher Ausbildung, darunter jugendliche Ausbildungssuchende und ältere Arbeitslose, Migranten und Alleinerziehende werden vom Arbeitsmarkt ausgeschlossen. Lernschwierigkeiten, gesundheitliche Einschränkungen und Schulden verstärken oft das Problem, schnell stellt sich ein Gefühl der Ohnmacht ein. »Wer über eine längere Dauer wider Willen arbeitslos ist, hat nicht nur materielle Einbußen zu befürchten. Der Mensch selbst ist betroffen: sein Selbstwertgefühl, seine Lebensfreude, seine sozialen Beziehungen. Arbeitslosigkeit betrifft nicht nur den Einzelnen, sondern auch die Familie und das soziale Umfeld. Wo sich Verbitterung, Zukunftsangst, Perspektivlosigkeit und Resignation breit machen, da ist auch der soziale Friede gefährdet.«[14] Tatsächlich beobachten wir auf der Schattenseite des Arbeitsmarktes eine von der Öffentlichkeit kaum wahrgenommene Sockelarbeitslosigkeit – eine stetig wachsende Zahl Langzeitarbeitloser, die seit ein, zwei oder mehr Jahren keine Anstellung finden, obwohl die Arbeitslosigkeit insgesamt zurückgeht. Der ehemalige Leiter der Betriebsseelsorge, Pfarrer Paul Schobel, sagte einmal, das Gezwitscher der Konjunkturschwalben überdecke das psychische und materielle Elend dieser Menschen, die ohne Arbeit sind.[15]

Gerade hier liegt das Besondere unserer Aktion. Wie einst Martin vor den Toren Amiens, der beim Anblick des Armen nicht wegschauen konnte, lädt die Aktion Martinusmantel ein, hinzuschauen und die Not der Bedürftigen unserer Zeit zu erkennen – der am Arbeitsmarkt besonders Benachteiligten –, um sie (wieder) teilhaben zu lassen am Erwerbsleben, um ihnen eine Chance zu geben, mit eigener Hände Arbeit ein würdiges Dasein für sich und ihre Familien zu bestreiten. Die Mantelteilung ist Sinnbild und Programm zugleich – Anspruch und Ansporn, dem Vorbild dieses großartigen Heiligen nachzueifern. Wer weiß, vielleicht würde Martinus, wäre er heute unter uns, nicht nur seinen Mantel teilen, sondern auch seinen Arbeitsplatz.

Qualifizierte Betreuung durch katholische Projektträger

Die Projektträger im Netzwerk der Aktion Martinusmantel gewährleisten in der Durchführung der Qualifizierungs- und Beschäftigungsprojekte nicht nur eine christliche Werteorientierung. Sie stehen für ein hohes Maß an Fach- und Sozialkompetenz mit gut ausgebildeten, tariflich entlohnten SozialpädagogInnen und ArbeitsanleiterInnen. Es sind Organisationen des Caritasverbandes, einzelne Kirchengemeinden oder katholische Trägerstiftungen. Weitere Projektträger gingen aus der Katholischen Arbeitnehmerbewegung und der Betriebsseelsorge hervor oder sind als eigenständige Vereine konstituiert. Ihre Projekte bauen in der Regel auf Finanzierungen der Jobcenter, Arbeitsagenturen und des Europäischen Sozialfonds, wobei die Zuschüsse der Bischöflichen Aktion Martinusmantel die Mischfinanzierung ergänzen oder Finanzierungslücken schließen. Oft liefert die Aktion Martinusmantel den entscheidenden Finanzierungsbaustein, ohne den das übrige Finanzierungskonstrukt und damit das Projekt in sich zusammenfallen würde. Durch diesen Mechanismus entfaltet jeder gespendete Euro eine »Hebelwirkung«, die im Idealfall bis zum Sechsfachen seines Wertes an öffentlichen Geldern für die Projekte mobilisiert. Mithin sind die Träger gefordert, nicht nur in der Betreuung und Qualifizierung der arbeitslosen ProjektteilnehmerInnen Kompetenzen vorzuweisen, sondern auch in der Mittelakquise und -bewirtschaftung.

Rund 20% der Teilnehmenden der letzten Jahre fanden durch die Maßnahmen Ausbildung oder Arbeit, andere konnten weiterführende berufsbildende Wege einschlagen. Viele schöpften wieder Mut, Hoffnung, Selbstachtung – letztlich nicht zu beziffernde Erfolge. Ermöglicht werden diese durch die solidarische Unterstützung zahlreicher Spenderinnen und Spendern, die sich wie Martin von der Not ihrer Mitmenschen ganz konkret anrühren lassen.

Hans-Peter Mayer

Martinus – berufener Glaubenszeuge

Nomen est omen
Begegnung mit Martins-»Trägern«

Wer den Namen Martin oder Martina trägt, trägt in seinem/in ihrem Namen in besonderer Weise die Erinnerung an jenen großen Heiligen, der gleichzeitig auch der Namenspatron unserer Diözese und damit eine regelrechte Leitfigur des pastoralen Handelns für uns alle hier in der Ortskirche von Rottenburg-Stuttgart ist.

Bei unserem Versuch, auch heute eine missionarisch-diakonische Kirche auf der Spur des heiligen Martin zu sein und dies immer mehr zu werden, kann uns der Blick auf ihn und die Orientierung an ihm sehr helfen. Um uns aber immer wieder an solch einen notwendigen Blick erinnern zu lassen, brauchen wir sichtbare Zeichen, Spuren, Denkmäler im direkten wie auch im übertragenen Sinn. Solch ein Denkmal kann etwa ein Tag wie der heutige Namenstag sein, an dem wir ganz bewusst – und diejenigen, die den Namen tragen, natürlich noch einmal in besonderer Weise – auf das Leben und Handeln, entscheidende Erlebnisse in seinem Lebenslauf und beispielhaft Grundlegendes, was aus seinem Leben Signale und Impulse auch in unserer Zeit geben kann, schauen.

Ein solches Denkmal ist, nun schon im direkteren Sinn, auch die Skulptur, die anlässlich meines 60. Geburtstages hier in Rottenburg am Eugen-Bolz-Platz aufgestellt wurde. In ihr verdichtet ein moderner Künstler unserer Zeit mit seinen Ausdrucksmitteln den wohl bekanntesten Moment, die entscheidende Wende im Leben des Martin von Tours, als er als Soldat vor den Toren von Amiens die Not eines Bettlers wahrnimmt und durch die Teilung seines Mantels in dessen Not eingreift und sie wirksam beseitigt. Viele von Ihnen werden diese Skulptur kennen und sie steht Ihnen vor Augen. Martin und der Bettler stehen sich auf Augenhöhe gegenüber und der Mantel der Teilung verbindet im besten Sinn des Wortes den Geber und den Empfänger: ein regelrechtes Band der Teilung, bei dem dann in gewisser Weise nicht mehr erkennbar ist, wer eigentlich mehr gibt und wer empfängt. Damit kommt eine entscheidende Einsicht christlichen Handelns und Glaubens sinnbildlich zum Ausdruck: In dem Maße, in dem ich teile, bekomme ich unendlich viel zurück. So wie ich bereit bin, vieles, ja letztlich mich selbst zu verschenken, empfange ich mich selbst ganz neu wieder. Auch daran kann uns die Martinusskulptur erinnern.

Eine weitere Spur der heilsamen Erinnerung an Martin, die ich heute besonders nennen möchte, sind die Straßen und Wege, die uns zur Lebensgestalt des Heiligen führen. Ich denke da zunächst an die tatsächlichen Lebenswege, die der heilige Martin gegangen ist. Und darum bin ich froh, dass – auch das im Zusammenhang mit meinem 60. Geburtstag – ein besonderes Band zwischen den Orten entstehen konnte, die wesentliche Lebensstationen von Martin gewesen sind.

Von Szombately, Martins Geburtsort in Ungarn, bis hin nach Tours in Frankreich, der Stadt, in der der vormalige Soldat, der bewusst die Waffen niedergelegt hatte, dann Bischof geworden ist, zieht sich eine spirituelle Verbindung von Ost nach West in Europa. Und ich bin nicht nur froh, dass Rottenburg bei diesem imaginären Band ein regelrechter Knotenpunkt ist, sondern dass dieser Impuls nun auch von anderen Orten aufgegriffen wird: Ich habe vor einigen Tagen einen Brief aus der italienischen Stadt Martina Franca in Apulien erhalten. Dort findet heute in der Kathedrale ein Festgottesdienst statt, für dessen Verlauf ich um ein Grußwort als Zeichen der Verbundenheit gebeten wurde. Mich hat dieses Zeichen der Verbundenheit zwischen den Martinsdiözesen sehr gerührt, und ich kann mir für unser zusammenwachsendes und größer werdendes Europa keinen besseren Patron vorstellen als den heiligen Martin. Wie schön, wenn diese Weglinien über Europas Landkarten im Zeichen des heiligen Martin zukünftig nicht nur zwischen Osten und Westen, sondern auch von Norden nach Süden verlaufen werden.

Und was für die Verbindungslinien im Großen gilt, das gilt auch hier bei uns vor Ort in unserer Diözese. Darum freue ich mich ganz besonders, dass es gelungen ist, in unserer Diözese Rottenburg-Stuttgart den Anstoß zur Errichtung eines Martinspilgerwegs zu geben. Viele von Ihnen wissen, dass ich in den vergangenen Jahren wiederholt auf einzelnen Abschnitten quer durch unsere Diözese auf dem Jakobusweg gepilgert bin. Ich tue auch dies ganz bewusst, um ein Zeichen zu setzen. Und in diesem Sinn verstehe ich nun auch die neue Initiative eines Pilgerweges auf den Spuren des heiligen Martin.

Federführend bei dieser Initiative ist das hiesige Martinihaus in Rottenburg gewesen, das ja sozusagen als Haus heute ebenfalls Namenstag feiern darf.

Ich danke allen, die beim Zustandekommen dieses festlichen Namenstages mitgeholfen haben. Ich freue mich nun auf die Möglichkeit der Begegnung mit Ihnen und werde nun – auch dies in gewisser Weise ein brauchtumsmäßiges Denkmal – symbolisch eine große Martinsgans anschneiden!

GEBHARD FÜRST

Martin auf die Spur kommen

In den Sommerferien habe ich mit einer Pilgergruppe den Geburtsort des heiligen Martin besucht. Er heißt Szombathely, eine Stadt mit rund 80.000 Einwohnern, und liegt in Westungarn, ganz in der Nähe zu Österreich. Von dort stammt der Heilige, der später in Amiens seinen Mantel teilte und in Tours Bischof werden sollte: ein europäischer Heiliger.

Viele Kirchen in Deutschland sind nach ihm benannt. Die ganze Diözese Rottenburg-Stuttgart steht unter seinem Patronat. Und damit auch unter dem Anspruch *seines* Vorbilds. Denn der heilige Martin war ein Mensch von herausragendem christlichem Profil. Daher wird die Geschichte des Martin von Tours bis heute weitererzählt. In ihm wird der Satz Jesu »Liebet einander, so wie ich euch geliebt habe!« zu einem der Urbilder christlicher Nächstenliebe. Konkret wird das in der berühmten Szene der Mantelteilung: Martin geht nicht vorüber an der Not eines frierenden Bettlers. Er hält an, teilt seinen Mantel und rettet den Armen vor dem Kältetod.

Sicher: Kälte erleben Menschen bei uns heute anders als der Bettler in jener Geschichte. Aber Beispiele von schneidender Kälte in unserer Gesellschaft lassen sich leicht sehen – wenn wir sie sehen wollen: Menschen, die keinen Anschluss finden, denen sich niemand zuwendet und die in der Kälte draußen vor der Tür gelassen werden; Eheleute, die sich langsam entfremden, deren Liebe erkaltet – bis sie schließlich zerbricht; alte Menschen, die einsam sind; Behinderte, die täglich vor oft unzumutbaren Hürden des Alltags stehen und die oft durch Unachtsamkeit am Rand bleiben; ausländische Mitbürger und Mitbürgerinnen, die mitten in unserem Land leben und oft durch sprachliche und kulturelle Barrieren außen vor bleiben.

Für solche Menschen und für viele andere Verlorene unserer Zeit steht in der Martinsgeschichte der Bettler. Der bittet *uns*, unseren ›warmen Mantel‹ zu geben. Heute heißt der Mantel christlicher Nächstenliebe: die vielen Frierenden, die in unserer Zeit um Zuwendung bitten, wahrnehmen und ihnen den notwendigen »Mantel« geben. Unsere Welt und unsere Zeit braucht solche Mäntel! Sie benötigt Taten christlicher Nächstenliebe!

Martin hat sich in die Nachfolge Jesu Christi begeben und eindrucksvoll vorgelebt, wie sich Christsein im Leben praktisch auswirkt. Doch Martin und seine Geschichte weisen auf eine zweite, ebenso tiefe Wahrheit hin: Wo ich reichlich gebe, wo ich teile und so scheinbar ärmer werde an Zeit, an materiellen Gütern oder an Ansehen, da werde ich in Wirklichkeit reicher. Wo ich gebe, empfange ich vielfach zurück und erlebe mich reich beschenkt. Und schließlich zeigt sich in Martins Traum, als er im Bettler Christus mit dem Mantel bekleidet sieht, noch eine letzte, spezifisch christliche Wahrheit: Im Nächsten begegnet mir Christus, ja, der Arme ist Christus! Das Wort der Schrift: »Was ihr einer oder einem meiner geringsten Schwestern und Brüder getan habt, das habt ihr mir getan« (vgl. Mt 25,40), erlebt Martin hautnah.

Handeln wie Martin heißt nichts anderes, als das große Wort aus dem Evangelium »Liebet einander« in vielen kleinen Worten und Taten, Gesten und Handlungen wirksam werden zu lassen. Martin ist eine bleibende Aufforderung, wachsam zu sein, Menschen, die Not leiden, Aufmerksamkeit und Sympathie zu schenken. Martin zeigt, dass die Begegnung mit dem anderen zu einer wirklichen Christuserfahrung werden kann. Wenn sich der Mensch dem Menschen liebend zuwendet, kommt er Gott ganz nahe.

GEBHARD FÜRST

Gottes Ruf auf der Spur

Jes 61,1–3a; 1 Kor 13,1–13; Mt 25,31–40

Gottes Ruf auf der Spur zu sein – das war unser Ziel im Jahr der Berufung. Um erspüren zu können, was Berufung ist, was mit diesem großen Wort gemeint ist und wie das ganz konkret aussehen kann, brauchen wir Vorbilder, Menschen, die auf den Ruf Gottes gehört haben und ihm in ihrem Leben eine ganz konkrete Gestalt gegeben haben.

Martinus ist ein solches Vorbild. Und wenn man den biografischen Bericht des Sulpicius Severus liest, dann zieht sich der Ruf Gottes und die Antwort des heiligen Martinus wie ein roter Faden durch das Leben unseres Diözesanpatrons.

I.

Schon früh hat sich diese Berufung abgezeichnet. Schon als Kind interessierte sich der junge Martin für Kirchen und Klöster. Schon früh war er fasziniert vom Leben der Einsiedler, so dass er sich – wie Sulpicius Severus schreibt – mit zwölf Jahren nach der Wüste sehnte.

Martinus war von Jugend an ein aufmerksamer und hilfsbereiter Mensch. Gesellschaftliche Unterschiede hielten ihn nicht davon ab, anderen Dienste zu erweisen, die diese vielleicht eher ihm geschuldet hätten als umgekehrt. Als junger Soldat setzte er seinen ganzen Sold dafür ein, Armen und Bedürftigen zu helfen und behielt so gut wie nichts für sich selbst zurück.

Zum entscheidenden Durchbruch kam es dann aber erst in der berühmten Begegnung mit dem armen Mann am Stadttor von Amiens. Wir alle kennen diese wohl bekannteste und sicher auch eindrucksvollste Szene aus dem Leben des heiligen Martin: Der nur mit einem einfachen Soldatenmantel bekleidete römische Legionär begegnet an einem kalten Wintertag einem unbekleideten Bettler. Er sieht den Mann und er spürt, dass er an ihm nicht einfach achtlos vorübergehen kann, so als ob ihn sein Schicksal nichts anginge.

Da er alles, was er besaß, schon an andere verschenkt hatte, teilte er mit dem Bettler das Letzte, das ihm noch geblieben war: seinen Mantel, und damit – und das ist vielleicht das Entscheidende – teilt er mit dem Bettler nicht nur ein Kleidungsstück, im Letzten teilt er das Schicksal des Bettlers selbst, weil er mit seinem zerschnittenen Mantel nun selbst zu einer armseligen Gestalt geworden ist, zu einem, über den die anderen lachen – auch wenn ihnen das Lachen wohl schnell im Halse stecken blieb!

II.

Die Bedeutung dessen, was am Stadttor von Amiens geschehen war, erschloss sich Martin erst im Nachhinein: Im Traum erscheint ihm Christus, bekleidet mit dem Mantelteil, den er dem Bettler gegeben hatte. Und Martin hört ihn zu den ihn umgebenden Engeln sprechen: »Martinus, der noch ein Taufbewerber ist, hat mich mit diesem Mantel bekleidet!«

Im Traum erschließt sich Martinus die Tiefendimension dessen, was am Stadttor von Amiens geschehen war: wem er begegnet ist und was ihn angetrieben hat, so zu handeln. Sulpicius Severus schreibt, dass Martinus durch diese Vision in seiner eigenen Tat das Wirken der göttlichen Gnade erkannte und dass er sich daraufhin eilends taufen ließ.

Im Nachhinein, im Traum, erkannte Martinus in seiner eigenen Tat das Wirken der göttlichen Gnade. Ich denke, dass wir diese Erfahrung und die Kraft, die von ihr auszugehen vermag, gut nachvollziehen können: Oft erschließt sich der Sinn und die Bedeutung eines Geschehens erst im Nachhinein. Im Moment des Geschehens haben wir vielleicht intuitiv erfasst, dass da etwas Besonderes geschieht, dass wir gefordert sind, dass wir gar nicht anders können, dass da ein innerer Antrieb ist, der uns etwas tun lässt, was uns zuvor vielleicht schwer gefallen wäre und was wir uns unter anderen Umständen vielleicht auch gar nicht zugetraut hätten. In diesem einen Moment haben wir aber die innere Freiheit zur Tat und es drängt uns, das zu tun, was zu tun ist, was von uns gefordert ist und was nicht unterlassen werden kann, ohne dass wir unsere Identität ernsthaft gefährden würden.

III.

Wir erfassen das intuitiv – verstehen können wir es oft erst im Rückblick. Vieles werden wir erst ganz am Schluss erkennen und verstehen, wenn wir vor Gottes Angesicht, mit den Augen Gottes auf das Ganze unseres Lebens schauen und Zusammenhänge entdecken werden, die wir kaum geahnt hätten, die wir kaum für möglich gehalten hätten, aber vielleicht doch anfanghaft gespürt haben.

Das 25. Kapitel des Matthäusevangeliums bringt diese Rückschau eindrucksvoll ins Bild: Die vielen ganz alltäglichen Situationen, in denen wir aus einem inneren Impuls heraus gehandelt haben – ohne dass es uns bewusst war – in dem, was wir tun, Christus selbst begegnet zu sein. Der Blick geht aber zugleich auch auf die verpassten Chancen, in denen dieser Impuls nicht da war – oder in denen wir ihn nicht zugelassen haben, ihm nicht den Raum gegeben haben, um wirken zu können.

Auch wenn das Matthäusevangelium diesen Blick auf das Ganze unseres Lebens mit der Wiederkunft des Herrn am Ende der Zeiten verknüpft, so ist dieser schauende Blick doch auch immer wieder in der Mitte unseres Lebens möglich – das können wir an der Lebensgeschichte des heiligen Martin eindrucksvoll erkennen: Es gibt diese lichten Momente, in denen sich fast »blitzartig« ein Zusammenhang erschließen kann, der unser Leben, der eine einzelne Begegnung oder ein bestimmtes Ereignis in einem Licht erscheinen lässt, das uns auf den tiefsten Grund blicken lässt und damit eine Gültigkeit beansprucht, die für unser weiteres Leben von entscheidender Bedeutung werden kann, weil uns die Richtung aufgezeigt wird, in die wir gehen müssen, damit unser Leben gelingen kann und wir den Sinn unseres Lebens nicht verfehlen.

Dies sind wirkliche Berufungserlebnisse. Momente, in denen wir den Anruf Gottes mitten in unserem Leben vernehmen und zugleich spüren, dass uns Gott mit seinem Ruf auch die Kraft gibt, die richtige, die alles entscheidende Antwort zu geben: Martin erkannte in seiner Tat das Wirken der göttlichen Gnade. Wie dieses tiefe Wort zu verstehen ist, erschließt sich – denke ich – sehr anschaulich in dem bekannten Martinusbild aus dem 15. Jahrhundert, das in unserem Diözesanmuseum aufbewahrt wird (s. Abbildung auf S. 99: Im Vordergrund des Bildes sehen wir Martinus, der auf dem Pferd sitzt und dem Bettler ein Stück seines Mantels reicht. In der linken oberen Ecke des Bildes öffnet sich gleichsam der Himmel – wir sehen Christus, der ein Stück des Mantels in seinen Händen hält. So wird deutlich, dass es Christus ist, mit dem Martinus den Mantel teilt. Zugleich ist es aber auch Christus, von dem die Bewegung der Liebe ausgeht, die über die Tat des heiligen Martin bis hin zum Bettler reicht.

Jesus Christus ist Anfang und Ziel dieser Bewegung der Liebe, die den heiligen Martin in der Mitte seiner Existenz erfasst hat, die ihn in einzigartiger Weise mit Jesus Christus und den Menschen, denen er begegnet, in Verbindung bringt und die ihn so sehr ergreift und erfüllt, dass es für ihn nur eine mögliche Konsequenz gibt, nämlich die, sich ganz für Christus zu entscheiden und die Taufe zu empfangen, auf die er sich schon so lange vorbereitet hatte.

IV.

Diese enge Verbundenheit mit Jesus Christus und die große Offenheit und Aufmerksamkeit, in der Martinus Menschen begegnete und den Anruf Gottes in der jeweiligen Situation erkannte, zieht sich wie ein roter Faden durch das Leben des heiligen Martin.

Martinus hatte ein sicheres Gespür dafür, was von ihm in der jeweiligen Situation gefordert war. Und ich denke, dass uns der Lebensbericht des Sulpicius Severus einige sehr wichtige Hinweise gibt, worin diese große Sicherheit des heiligen Martin gründete: Martin war ein Mann des Gebets. Er zog sich immer wieder in die Einsamkeit zurück. Auch als Bischof lebte er die meiste Zeit in seiner kleinen bescheidenen Mönchszelle im Kloster Marmoutiers vor den Toren seiner Bischofsstadt Tours. Auf der anderen Seite war er aber auch ein Mensch, der mitten im Leben stand, der sich den Herausforderungen der jeweiligen Situation stellte, der den Menschen nahe war, der sich immer wieder von der Not und der Bedürftigkeit der Menschen ansprechen ließ und ihnen hilfreich zur Seite stand.

Sein eigenes Leben in Armut und Bescheidenheit und aus dem Geist des Gebets schärfte die Sinne des heiligen Martin für den tiefen Zusammenhang zwischen der Not der Menschen und dem Gott, der für diese Menschen selbst Mensch geworden ist und ihre Not und ihr Leiden selbst getragen hat.

V.

Am eindrucksvollsten und am dramatischsten kommt dieses sichere Gespür an den Stellen in der Lebensgeschichte des heiligen Martin zum Ausdruck, an denen der Teufel als Versucher an ihn herantritt:

Eines Tages, so berichtet Sulpicius Severus, erschien der Teufel dem heiligen Martinus – umgeben von schimmerndem Licht, angetan mit einem Königsmantel, gekrönt von einem Diadem aus Gold und Edelsteinen, mit vergoldeten Schuhen, lächelnden Mundes und heiteren Angesichts, sodass er nichts weniger glich als dem Teufel.

In solcher Gestalt stand er vor dem in seiner Zelle betenden Martinus. Beim ersten Anblick seines Besuchers war Martinus wie betäubt und beide verharrten lange Zeit in tiefem Schweigen. Dann fing der Teufel an und sprach: »Martinus, erkenne den, der vor dir steht: Ich bin Christus. Ich bin zur Erde herabgestiegen und wollte mich zuerst dir offenbaren.«

Martinus schwieg noch immer und gab keine Antwort. Da wagte der Teufel die Wiederholung seiner dreisten Verkündigung: »Martinus, was zögerst du mit deinem Glauben, da du doch siehst? Ich bin Christus.« Da erkannte der Bischof durch eine Erleuchtung des Geistes, dass der Teufel und nicht der Herr vor ihm stand, und sprach: »Christus hat mir nicht verkündet, dass er kommen werde angetan mit einem Purpurmantel und strahlendem Diadem. Ich werde an die Ankunft Christi nur glauben, wenn er kommt in der Erscheinung und in der Gestalt seines Leidens, angetan mit den Wundmalen des Kreuzes.«

VI.

Die Berufung der Kirche und eines jeden Christen ist es, an der Seite der Armen zu stehen, denn nur dann steht sie an der

Seite des leidenden Christus. Ohne die grundlegende Aufmerksamkeit und Offenheit für die Menschen in ihrer Armut und ihrer Bedürftigkeit werden wir Christus in dieser Welt nicht wirklich begegnen. Diese tiefe Einsicht können wir am Lebensbild des heiligen Martinus immer wieder neu erkennen.

Doch wir können an ihm auch erkennen, dass dies nicht nur eine allgemeine Grundhaltung ist. Die Option für die Armen bewahrheitet sich immer nur in der ganz konkreten Situation. In der konkreten Begegnung mit einem einzelnen Menschen kann Begegnung mit Christus geschehen oder auch verweigert werden.

Auch das wird in der Begebenheit am Stadttor von Amiens deutlich: Denn Martinus erkannte – so hält es Sulpicius Severus fest –, dass der arme Mann, an dem die anderen achtlos vorbeigingen, ihm allein vorbehalten war!

Ich wünsche uns allen diese tiefe Verbundenheit mit Jesus Christus und die große Aufmerksamkeit, die den heiligen Martin ausgezeichnet hat, damit auch wir nicht an den Menschen achtlos vorübergehen, in denen der Herr uns begegnen und durch die er uns die Augen öffnen will für den Weg, auf dem wir ihm folgen sollen. Dann bleiben wir dem Ruf Gottes auf der Spur und können aus der Gnade Gottes heraus im Nachhinein den roten Faden entdecken, den er selbst – ohne dass wir dies zunächst bemerkt haben – in unser Leben gelegt hat, den er in seiner Hand hält und mit dem er uns zur Gemeinschaft mit ihm selbst führen will.

Klaus Krämer

Glaube – Hoffnung – Liebe

Auch wenn wir heute daran erinnert werden, dass im November des Jahres 397 der heilige Martin, unser Diözesanpatron, in Candes gestorben ist und in Tours begraben wurde, so handelt es sich dabei dennoch nicht um ein Totengedenken, so wie sie im November üblich sind. Nein, Heiligenfeste haben einen anderen Charakter. Weil die Heiligen mit dem auferstandenen Herrn gelebt haben und gestorben sind, gehören sie nicht der Vergangenheit an, sondern sind uns immerfort voraus. Sie gehören zu jener Wirklichkeit, die in der Bibel bildhaft als das neue Jerusalem, als der neue Himmel und die neue Erde bezeichnet wird. Der Heiligen gedenken heißt somit nicht rückwärts schauen in eine versunkene Geschichte, sondern heißt die kommende Welt in den Blick nehmen und sich der Zukunft zuwenden.

In diesem Sinne wollen wir die Gestalt des heiligen Martin betrachten und fragen, was ihm besonders am Herzen lag, wie er das Grundgesetz des Evangeliums ausgelegt hat für die Menschen damals, aber auch für uns heute.

1. Das Erste, das dabei in den Blick kommt, ist sein leidenschaftliches Eintreten für den Glauben. *Martin war durch und durch Glaubenszeuge.* Es ging ihm um die Wahrheit des christlichen Glaubens und die Klarheit des christlichen Lebens. Beide waren zu seiner Zeit in mehrfacher Hinsicht bedroht. Das einfache, nur oberflächlich christianisierte Volk konnte von heidnischen Bräuchen nicht lassen. Der Aberglaube blühte und magische Praktiken aller Art waren an der Tagesordnung.

Heute würden wir sagen: Die Menschen waren fasziniert von esoterischen Zirkeln, von synkretistischen Heilungsritualen und Selbsterlösungstechniken.

Daneben tobte der Kampf um das Christusbekenntnis. Die Leute um Arius, die sogenannten Arianer, vermochten in Jesus nicht Gottes Sohn von Ewigkeit her, sondern nur ein besonderes Geschöpf zu sehen. Damit aber drohten sie, das Christentum in seinem Kern zu zerstören. Der heilige Hieronymus hat die damalige Misere mit den Worten charakterisiert: »Der Erdkreis erwachte und wunderte sich, dass er arianisch geworden war.« (Adv.Lucif.29)

Und dann gab es noch die Leute um Priszillian, die sogenannten Priszillianer, die gegen eine drohende Verweltlichung der Kirche kämpften, und eine radikale Abwendung von der Welt forderten und damit unter der Hand das Christentum zu einer weltfremden Hochleistungsaskese zu pervertieren drohten. Sie stellten so hohe Forderungen, dass viele der Taufe fernblieben, weil sie sich diesem Rigorismus nicht gewachsen fühlten.

Ihnen allen versuchte der Bischof von Tours die christliche Botschaft in aller Klarheit zu bezeugen:

Dem Volk versuchte er klar zu machen, dass nicht Magie und Aberglaube, sondern nur der Glaube an Jesus Christus wirklich Heil bringt und von Angst befreit.

Den Arianern gegenüber versuchte er klar zu machen, dass ein noch so guter oder noch so besonderer Mensch nicht in der Lage ist, uns und die Welt zu erlösen, dass dies nur Gottes Sohn selber vermag, indem er Mensch wird und sich in menschlicher Gestalt mit uns verbündet bis in den Tod hinein.

Und den Priszillianern, den Asketen, gegenüber versuchte er klar zu machen, dass es letztlich nicht auf unsere Leistungen ankommt, sondern dass Gott barmherzig ist und keinen überfordert, dass wir aus Gnade gerettet werden und nicht aufgrund unserer Verdienste und guten Werke − so wie es später Martin Luther und die Reformatoren unter Berufung auf den heiligen Paulus leidenschaftlich in Erinnerung gerufen haben.

Und so war Martin Glaubenszeuge in einer wahrhaft wirren Zeit. Ein Bezug zu unserer Zeit liegt nahe. Müssen nicht auch wir in einer Zeit den Glauben leben, in der christliches Bekenntnis oft belächelt wird, Tradition nicht viel gilt und auf dem religiösen Jahrmarkt Heilbringer aller Art mit den bunten Zauberlaternen ihrer Versprechungen den Menschen ein Glück vorgaukeln, das sich nicht einstellt?

In dieser Situation schärft Martin unseren Blick, indem er uns fragt: Gebt ihr den Glauben getreu und unverfälscht weiter oder habt ihr ihn verwässert und euch dem Zeitgeist angepasst? Bekennt ihr euch zu Christus, dem Mensch gewordenen und gekreuzigten Gottessohn, oder seid ihr dabei, ihn mit einem erfolgreichen Guru zu verwechseln? Ist der Glaube mit euch erwachsen geworden oder habt ihr ihn in den Kinderschuhen steckenlassen?

Wenn wir diese Fragen ehrlich an uns heranlassen, dann ergibt sich spontan die Bitte: Heiliger Martin, gib uns Kraft und Mut zum Glauben!

2. Ein Zweites, das uns an Martin fasziniert, ist: *Er war Zeuge einer unerschütterlichen Hoffnung.* Seine Eltern waren bekanntlich Heiden. Die Mutter wurde später Christin, der Vater aber lehnte es zeitlebens ab, sich taufen zu lassen. Er blieb Heide und konnte Sohn und Frau nicht verstehen.

Für Martin war das sicher schmerzlich, aber kein Grund zur Enttäuschung. Er zieht sich nicht gekränkt oder entmutigt zurück. Nein, er hält trotz allem zu seinem Vater, lässt den Kontakt nicht abreißen, vertraut darauf, dass Gott auch auf krummen Zeilen gerade schreiben kann und Heilswege kennt, die uns verborgen bleiben. Auch wenn er mit seinem Vater nicht über Gott reden konnte, so hat er sicher mit Gott über seinen Vater geredet.

Gibt Martin dadurch nicht auch uns Hoffnung? Hoffnung den Eltern, deren Kinder den Glauben beiseite gelegt haben wie aus der Mode gekommene Kleider und die sich dann fragen: »Was haben wir falsch gemacht?« Hoffnung aber auch den Kindern, denen die Eltern fremd geworden sind. Hoffnung den Gemeinden, die mit ansehen müssen, dass sie immer weniger werden. Hoffnung den Seelsorgern, vor deren Augen der Glaube zu verdunsten scheint.

St. Martin schenkt Hoffnung, Hoffnung wider alle lähmende Resignation, die manchmal von unseren Herzen Besitz ergreifen will; Hoffnung auf einen Gott, dem wir es zutrauen dürfen, dass er seine Möglichkeiten auch gegen unsere Wirklichkeiten durchzusetzen vermag.

Und so steigt aus unserer Betrachtung eine zweite Bitte auf: Heiliger Martin, gib uns Mut zur Hoffnung! Bewahre uns vor Resignation und lass uns Hoffnungsträger sein für alle, die schwarz sehen und der Zukunft nicht mehr trauen.

3. Und noch ein Drittes ist es, das Martin unvergesslich macht: *Er war Zeuge einer ansteckenden Liebe.* Das klassische Ereignis, in dem sich das wie in einem Brennpunkt zeigt, ist die berühmte Mantelteilung vor den Toren Amiens. Mit dieser unsterblichen Geste ist Martin mit Recht in die Geschichte der Heiligen eingegangen. In dieser spontanen Hilfeleistung leuchtet blitzlichtartig auf, was Liebe bedeutet: Mögen die Menschen ihresgleichen in hoch und niedrig, arm und reich, mächtig und ohnmächtig, wichtig und unbedeutend einteilen – Gott kennt und will diese Rollenmuster nicht. Gott sieht den Menschen mit anderen Augen. Seine Liebe sieht auf das, was der Mensch ist, und nicht auf das, was er hat. Er nimmt sich

seiner an, nicht weil er so großartig dasteht, sondern weil er arm und verlassen ist und ohne seine Zuwendung hoffnungslos verloren wäre.

Solche Liebe hat Martin zu leben versucht, indem er jeden anderen genauso wichtig genommen hat wie sich selbst. Des Bettlers Elend hat er wahrgenommen, als wäre es sein eigenes, und er hat mit ihm den Mantel geteilt. Das Unrecht anderen gegenüber hat er so empfunden, als wäre es ihm selbst geschehen, und er hat seine Stimme dagegen erhoben. Als Priszillian, gegen den Martin um der Wahrheit willen einst energisch angetreten war, zum Tode verurteilt und hingerichtet werden sollte, protestierte Martin um der Liebe willen umso energischer. Seit der Mantelteilung hatte er vom Schwert keinen Gebrauch mehr gemacht! Auf die gewaltsame Tötung des Irrlehrers reagierte er unerwartet heftig. Sechzehn Jahre lang, so erzählt sein Biograf Sulpicius Severus, nimmt er an keiner Synode mehr teil und bleibt jeder Zusammenkunft der Bischöfe fern. Ketzer zu töten, einen solchen Übergriff kirchlicher Macht lehnt Martin leidenschaftlich ab. Er meidet deshalb sogar den Kontakt zu seinen Mitbischöfen. Heute würde man sagen: Er ging aus Protest nicht mehr zur Bischofskonferenz. Wohlgemerkt: Sankt Martin, einer der großen Heiligen der frühen Kirche, unser Diözesanpatron!

Und so spornt Martin uns an, dass auch wir statt Spuren der Gewalt Spuren der Liebe in diese Welt zeichnen. Nur an unserer Liebe lässt sich ablesen, wie ernst wir unseren Glauben nehmen. Als Christen sind wir verpflichtet, diese Welt so human wie möglich zu gestalten und sie menschlicher zu verlassen, als wir sie vorgefunden haben. Und deshalb die dritte Bitte: Heiliger Martin, stecke uns an mit deiner Liebe.

Im Alter von über 80 Jahren ist der heilige Bischof Martin gestorben, arm vor Gott, nur auf Asche gebettet. Sein Biograf berichtet, er sei betend, die Augen und Hände zum Himmel erhoben, aus dieser Welt geschieden. So stirbt keiner, für den mit dem Tod alles aus ist. Dieses Sterben war kein Hinabsinken in die Nacht des Todes. Es war ein sich Aufrichten, um dem Auferstandenen entgegenzugehen, mit dem und auf den hin er seit seiner Taufe gelebt hatte.

Tausende von Klerikern, Mönchen und Laien kamen zur Beerdigung. Das Geleit glich einem Triumphzug und hob die Beliebtheit unseres Diözesanpatrons überwältigend hervor. Sulpicius Severus schließt seine Biografie mit den Worten: »Martinus, auf Erden arm und gering, geht reich in den Himmel ein. Ich hoffe, dass er von dort aus uns beide behütet: mich, der ich dieses schrieb, und dich, der du es liesest.« Ja, möge der heilige Martin uns alle behüten, die Frommen und die weniger Frommen, die Kirchgänger und die sogenannten Fernstehenden, diese Gemeinde und unsere ganze Diözese.

HUBERT BOUR

Zeuge der Liebe

Joh 15,9–17

Neunmal kommt in diesem Evangelienabschnitt das Wort vor, auf das es ankommt. Es steht am Anfang und am Ende: Liebe. »Das ist mein Gebot: Liebt einander, wie ich euch geliebt habe!« Sind wir da nicht überfordert, wir alle? Wir sind von Gott angenommen, von ihm geliebt. Das ist in unser Herz gedrungen. Und wir wissen auch: Gott ist Mensch geworden. In seinem Sohn hat er sich in einmaliger Weise erniedrigt. Und er ist für uns am Kreuz gestorben. »Es gibt keine größere Liebe, als wenn einer sein Leben hingibt für seine Freunde.« Wenn Jesus dies sagt, dann meint er sich selbst. Aber können wir so vollgültig empfinden und handeln wie er? Können wir so lieben wie er? Geraten wir da nicht, wenn wir ehrlich sind, in eine Sackgasse?

Und doch wäre es nur die halbe Wahrheit, wenn ich bei unserer eigenen Ohnmacht und Schwäche stehen bliebe, wenn ich nicht die Macht der Liebe Gottes betonen würde. Ich bin überzeugt, dass sie jeden und jede von uns zu Wundern ermächtigen kann – trotz aller Schatten. Das hat seinen tiefen Grund: Wir sind nicht Wesen, die das Leben aus sich selbst haben, sondern Gott lebt in uns. Deshalb findet sich unmittelbar vor unserem Festevangelium die Bildrede vom Weinstock und den Reben. Auf die Verbindung der beiden kommt es an, sagt Jesus. Sie ist das Entscheidende. Ohne den Weinstock kann der Rebzweig keine Trauben bringen. Eine Glühlampe nur in der Hand zu halten, nützt nichts. Sie muss an den Stromkreis angeschlossen werden, zur Stromquelle Kontakt haben. Sonst bleibt es dunkel. Oder eine Schnellzuglokomotive – was für ein

Wunderwerk der Technik! – sie rührt sich nicht von der Stelle, wenn sie keinen Kontakt hat mit dem Stromnetz.

Mit Jesus in Verbindung sein – das heißt: von ihm Kraft gewinnen, von ihm den Impuls empfangen zum Guten, zur Gerechtigkeit, zur Versöhnung, ihn also in mein Leben hereinlassen, auf sein Wort hören, das ernst nehmen, was er gesagt hat. Tun wir das? »Wenn einer dich auf die rechte Wange schlägt, dann halt ihm auch die andere hin!« Handeln wir danach? »Wer bei euch der Erste sein will, soll euer Sklave sein!« Wollen wir das? »Eher geht ein Kamel durch ein Nadelöhr, als dass ein Reicher in das Reich Gottes gelangt.« Nehmen wir das ernst? Geben wir Jesus in unserem Leben einen Platz? Sind wir bereit, nach dem Beispiel seiner Liebe zu handeln?

»Ihr seid meine Freunde, wenn ihr tut, was ich euch auftrage.« Ja, er nennt uns seine Freunde, trotz unserer Enge und Kleinherzigkeit. Er erniedrigt uns nicht, im Gegenteil: Er hebt uns hinauf. Er stellt uns auf eine Norm, die wir erreichen können und erreichen sollen – mit seiner liebenden Zuwendung, unter seinem persönlichen Zuruf.

Einer, der sich von Jesus hat rufen lassen, war der heilige Martin, der Patron unserer Domgemeinde und unserer Diözese. Als unser Dom nach seiner Renovierung vor zweieinhalb Jahren wieder feierlich eröffnet wurde, überbrachte uns der Erzbischof von Tours, wo der heilige Martin gewirkt hat, eine Reliquie des Heiligen, die nun sichtbar aufgestellt ist: als Zeichen der Verbundenheit mit ihm, als Zeichen der Erinnerung an ihn, ein »Denk-mal!« an Martin, eine Aufforderung, sich an seine Person zu erinnern.

Bedenken wir also einige Stationen und Szenen seines Lebens: Martin als Kind, als Jugendlicher, als Mönch, als Bischof und am Ende seines Lebens[16].

a) Martin als Kind: Er kommt aus dem Heerlager. Sein Vater ist Soldat. Das Milieu, in dem er aufwächst, ist Krieg und Lagerleben. Vielleicht hat er Orte in der Welt, wo er vertraut ist, aber keine Heimat. So sind die Kindheit und die Jugend eines Heiligen. Kann so jemand ein Christ werden? Fragen wir nicht so, jedenfalls in dem Sinn, wie wir uns einen Christen vorstellen: brav, bürgerlich, berechenbar? Denkt Gott anders, wenn er einen ruft? Er wendet sich an die »Unmöglichen«. Vielleicht sollten auch wir die in unseren Augen »Unmöglichen« in unserer Gesellschaft als »mögliche« Christen betrachten, gerade weil Gott alle Menschen liebt?

b) Die bekannteste Tat des heiligen Martin – da war er ja noch ein Jugendlicher – ist die Mantelteilung. Die Szene wird oft nachgespielt, auch hier auf unserem Rottenburger Marktplatz. Meistens vergisst man dabei den zweiten Teil: Christus – in der Begleitung von Engeln – erscheint Martin in der folgenden Nacht im Traum und fordert ihn auf, ihn genau anzusehen. Da sieht er Christus mit dem halben Mantel bekleidet, den er dem Bettler geschenkt hat. Und Christus sagt zu den Engeln: »Mit diesem Mantel hat mich Martin, der noch auf dem Weg zur Taufe ist, bekleidet.« Die Mantelteilung, eine gute, aber eine noch relativ kleine Tat, was hat sie für eine Tiefendimension! Sie zählt für Christus, sie zählt für die Ewigkeit. Was setze ich heute statt der Mantelteilung ein: Güte zu einem Behinderten, ein Wort der Versöhnung zu einem Menschen, mit dem ich mich verkracht habe, tatkräftige Hilfe bei einem Umzug, bei einem Todesfall, Eintreten für einen Schwächeren, meine Spende zur Bekämpfung der Arbeitslosigkeit? Das alles sind kleine, alltägliche guten Taten, aber sie reichen in eine unheimliche Tiefe hinab oder bis in den Himmel hinauf. Dann dürfen wir den eigenen Namen einsetzen. Wer das spricht, ist

Christus, der denen, die in Liebe geholfen haben, beim Gericht sagt: »Kommt, ihr Gesegneten meines Vaters!«

c) Zuerst wird Martin Mönch. Er gründet in Mailand ein kleines Kloster. Das ist erstaunlich, denn er tut dies in einer Zeit und an einem Ort, da die meisten Leute Arianer sind, Andersdenkende also. Ja, mitten unter den Nicht-Katholiken lässt Martin sich nieder. Später in Gallien tut er das Gleiche. Nur sind dort die Andersdenkenden keine Arianer, sondern noch halbe Heiden, Halb-Bekehrte, die in Wirklichkeit noch tief im Aberglauben stecken. Martin unter den anderen: Er geht zu ihnen, er wohnt unter ihnen, er teilt nicht nur seinen Mantel, sondern seinen Gott, er teilt seinen Glauben mit ihnen, weil sie ihm nicht gleichgültig sind, weil er sie liebt. Sind wir heute nicht in einer ähnlichen Situation? Wir wohnen doch auch unter den anderen, wir sind Christen unter den anderen. Oft sind wir in der Minderheit. Da möchten wir uns verstecken, da fühlen wir uns allein. Könnten wir von Martin nicht lernen, unter den Andersdenkenden zu leben: ruhig und gelassen, ohne Nervosität unseren Gott zu zeigen und unseren Glauben zu bekennen?

d) Eine weitere, wenig bekannte Szene aus seinem Leben: Als Bischof weigert sich Martin, an der kaiserlichen Tafel Platz zu nehmen. Kaiser Maximus hatte Blutschuld auf sich geladen. Wenn Martin die Einladung angenommen hätte, hätte dies bedeutet: Ich billige das. Martin riskiert die Ungnade des Kaisers. Er möchte klare Verhältnisse. Er ist kein Hofbischof, der absegnet, was die Mächtigen für gut finden. Er ist kein Mitläufer. Er richtet sich nach seinem Gewissen und folgt nicht den stärkeren Bataillonen. Wenn es nötig ist, sagt er »Nein«. An sich sind wir Christen Menschen des »Ja«, denn Christus ist das Ja Gottes zur Welt und zum Menschen. Dennoch kann es sein, dass der Einzelne auch einmal »Nein« sagen muss. Christ sein und kritisch sein gehören zusammen. Es gibt auch in unseren Tagen Situationen, da müssen wir sagen: Bis hierhin und nicht weiter. Oder: Es ist nicht erlaubt. Oder: Das können wir nicht mitmachen. Ich bin dankbar, dass unser Bischof immer wieder und nachdrücklich Nein gesagt hat: zur aktiven Sterbehilfe, zur »verbrauchenden« Forschung an Embryonen ... und dies aus Ehrfrucht und Liebe zur Weisung und zum Willen Gottes.

e) Am Ende seines Lebens sehen wir Martin auf einer Visitationsreise. Er will zerstrittene Christen versöhnen. Da befällt ihn das Fieber. Die Mönche des Klosters, in dem er sich auf den Tod vorbereitet, jammern und klagen: »Vater, warum verlässt du uns?« Sie brauchen ihn noch, meinen sie. Martin lässt den Vater im Himmel entscheiden. Er betet: »Herr, wenn ich deinem Volk noch nötig bin, verweigere ich Arbeit und Mühsal nicht. Dein Wille geschehe.« Hören wir genau hin: Arbeit und Mühsal sind für Martin das irdische Leben, das, was eigentlich hinter ihm liegt, das, was er nun überwinden will. Martin weiß: Sterben – das ist der Weg, um bei Gott zu leben. Uns dagegen erscheint am Lebenbleiben süß, Sterben schlimm. Würden wir nicht sagen: Egal was, egal wie, Hauptsache leben, hier und jetzt leben? Martin lässt es in der Schwebe, er bleibt gelassen. Der Wille Gottes soll den Ausschlag geben. Was geschieht, ist gut. Gott liebt mich. Er weiß, was er will, ich weiß es nicht.

Wie sagt Jesus am Ende unseres Evangeliums? »Ich habe euch erwählt und dazu bestimmt, dass ihr euch aufmacht und Frucht bringt und dass eure Frucht bleibt.« Das Leben des heiligen Martin hat Frucht gebracht. Dazu sind auch wir von Gott erwählt:

Wir bringen Frucht, wenn wir einander die Hand reichen, einander vergeben und neu verstehen – wie Martin.

Wir bringen Frucht, wenn wir die Brücken zueinander nicht abbrechen, sondern versuchen, sie immer wieder zu bauen und Güte und Freundlichkeit im Umgang miteinander zu leben – wie Martin.

Wir bringen Frucht, wenn wir hilfsbereit und offen sind, wenn wir den Kreis um uns selbst durchbrechen und erweitern – wie Martin.

Wir bringen Frucht, wenn wir die Leidenden mit einschließen, wenn wir unsere Lebenskraft, unseren Einfluss, unsere Phantasie in die Schale einbringen – wie Martin.

Wir bringen Frucht, wenn wir da sind, wo es brennt, im wörtlichen und im übertragenen Sinn – wie Martin.

Dann sind wir »Liebende«, nicht aus eigenem Vermögen, sondern im Namen und in der Kraft Gottes. Dann sind wir fähig, nicht nur Zukunft zu planen, sondern Gegenwart zu schaffen – in Liebe. »Liebt einander, wie ich euch geliebt habe!« Können wir das? Eines ist sicher: Gott ist die Liebe. Er hat uns aus Liebe geschaffen. Wir sind in seinen Händen und er begleitet unsere Wege. Darum dürfen wir – ein Leben lang – üben, was er ist: die Liebe.

Reinhold Melber

Martinus – diakonisch Handelnder

»Gestaltlose Schatten« (H. Hesse) oder: Mensch sein mit Profil

Jes 61,1–3a; Mt 25,31–40

Gestaltlose Schatten begegnen sich nicht, Menschen mit Profil aber hinterlassen eine Spur. Ich bin froh und dankbar, dass wir mit dem heutigen Festgottesdienst gemeinsam Menschen in den Blick nehmen, die auf ganz verschiedene Art Profil entfalten: Menschen, die ihr Talent, ihr Charisma, ihre Gaben als Aufgabe begreifen; Menschen, die anderen Menschen, uns allen, der Welt, in unterschiedlicher Weise Gutes tun.

In einer Zeit, in der wir allzu oft unheile Situationen, Orte und Menschen erleben, in der vielleicht auch bei uns selbst oder unserer nächsten Umgebung manches im Argen liegt, in solchen Zeiten sind solche Menschen mit christlichem Profil eine heilsame Wohltat für uns alle.

Wohl-Taten müssen dabei durchaus nicht im engen Sinne im sozialen Bereich liegen: Für eine unheile, verwundete Seele kann ein schönes Lied, das unter die Haut geht, in die Seele dringt, das Herz berührt, durchaus die Kraft der Genesung enthalten. Und so freue ich mich, dass wir den Sängerinnen der Mädchenkantorei des Rottenburger Doms zu ihrem dreißigjährigen Jubiläum gerade an diesem Tag gratulieren dürfen. Sie tragen mit ihrem Profil dazu bei, unsere Kirche, besonders unsere Liturgie, menschlicher und wärmer zu machen, unsere Welt und Zeit mit ihren Gesängen ein Stück heiler zu gestalten.

Aber denken wir noch ein Stück weiter. Ein Mensch mit Profil spricht mehr an als jeder abstrakte Satz. Martinus, der den Mantel teilt, veranschaulicht sprechend den Satz: »Liebt einander!« Die Geschichte des Martin von Tours wird deshalb bis heute weitererzählt, weil in ihr der Satz »Liebet einander, so wie ich euch geliebt habe!« zur Szene, zum Bild, zur Gestalt wird. Gestaltlose Schatten begegnen sich nicht, so hatte ich begonnen. Wie aber begegnet uns denn die Gestalt des Martin? Er geht nicht vorüber an der Not, er hält an, teilt seinen Mantel, rettet den Armen vor dem Tod in der Kälte. Aber für uns ist dieses Profil, dieser Gestalt gewordene Satz immer noch weit weg. Wir werden vermutlich nicht in die Verlegenheit kommen, einen Bettler zu treffen, den wir mit der Hälfte unseres Mantels vor dem Erfrierungstod bewahren könnten. Kälte erleben wir heute anders als der Bettler in Amiens. Unsere Mantelteilung sieht deshalb auch anders aus als damals.

Sehen wir im frierenden Bettler den Menschen, der draußen vor der Tür steht und dem es kalt wird: Es gibt viele Variationen von schneidender Kälte in unseren Tagen: Kennen wir Eheleute, die sich langsam entfremden, deren Zärtlichkeit vereist, bis dann ihre Liebe zerbricht – da wird es kalt ... Kennen wir Menschen, die keinen Anschluss finden – denen sich niemand zuwendet ... Kennen wir alte Menschen, die abgeschoben und wie vergessen in Heimen sitzen, denken wir an Behinderte, die tagtäglich vor oft unzumutbaren Hürden des Alltags und oft schlicht durch unsere Unachtsamkeit am Rand stehen, denken wir an die ausländischen Mitbürger und Mitbürgerinnen, die mitten in unserem Land leben und oft durch sprachliche und kulturelle Barrieren doch weit draußen bleiben.

Denken wir an Menschen, die mitten drin und doch draußen sind – eine Formulierung der Aktion für psychisch kranke Menschen unserer Caritas.

Denken wir an die Menschen, die nicht mehr glauben können, die ausgebrannt sind: All dies sind Variationen von Kälte ...

Für solche Menschen und für viele andere steht der Bettler von Amiens, der uns bittet, unseren warmen Mantel zu geben. Ich bin froh und dankbar, dass wir am heutigen Tag Menschen in den Blick rücken, die solch frierende Menschen wahrnehmen und die entsprechend ihren Mantel teilen. Der Mantel des Martinus heißt heute: der Mantel der Nähe, der Mantel der Annahme, der Mantel des Respekts, der Mantel der Anwalt-schaft, der Mantel der Zuwendung, der Mantel der Wertschät-zung, der Mantel der Barmherzigkeit, ja auch der Mantel der Arbeit.

In unserem Blick sind heute Menschen, die das Abenteuer Menschlichkeit wagen, Menschen, die einfach beginnen, ein menschliches, ein christliches Profil zu entwickeln, Menschen, die durch solches Profil gute, heilsame Spuren hinterlassen. Wir ehren 19 profilierte Christen-Menschen, deren Engage-ment mit der Martinusmedaille bedacht wird: Sie haben auf besondere Weise Mitmenschlichkeit in die Mitte ihres Lebens gestellt. Sie haben auf verschiedene Art ernst gemacht mit unserem Glauben an Jesus Christus. Sie haben Konsequenzen gezogen, sie sind aufgebrochen auf andere Menschen zu, die es nötig haben. Sie geben damit ein hoffnungsvolles Beispiel und zeigen zugleich, worauf es in unserer Gesellschaft an-kommt: Die vielen Frierenden, die in unserer Zeit an den Rän-dern darniederliegen, sie wahrzunehmen und ihnen den not-wendigen Mantel zu geben. Wir dürfen froh und dankbar sein über diese profilierten Initiativen und Engagements in der Tra-dition des heiligen Martin. Ich danke von ganzem Herzen al-len, die wir heute mit der Martinusmedaille ehren. Ich danke aber auch all den Menschen, die sich wo und wie auch immer für den Nächsten und den Fernsten, für unsere Gemeinschaft, die Gesellschaft, die Schöpfung einsetzen. Denn unsere Welt und unsere Zeit braucht dringend solch christliche Spuren gestalteter Liebe!

Schon immer haben sich die Menschen gefragt, wie sie ihr Leben sinnvoll gestalten können: Was ist das Ziel unseres Lebens, wo geht es hin mit unserer Welt? Unser Glaube gibt uns da Antwort: Gott hat sich uns Menschen in Jesus Christus ganz geschenkt. Er ist »um unseres Heiles willen« ganz Mensch geworden, damit auch wir ganz Mensch werden können. Gott verwirklicht in Jesus Christus das Jahr der Gnade, von dem Jesaja gesprochen hatte: »…in dem die Armen eine frohe Botschaft hören sollen, in dem jene Heilung finden sollen, deren Herz zerbrochen ist, in dem Gefangene entlassen und Gefesselte befreit werden.« All das ist in Jesus Christus konkret geworden.

Gott lebt in Jesus Christus seine Liebe zu den Menschen. Unsere Antwort ist es, ein Leben der Liebe zu gestalten: Liebe zu den anderen, wo immer es nötig ist. Die Antwort auf seine Liebe zu uns ist unsere Liebe. Und wer sich in Liebe den anderen zuwendet, der wird in ihnen Gott selbst finden.

Und wieder ist es so, dass die Geschichte des Martin mehr erzählt als alle oft so dürren Worte: In der Nacht, im Schlaf erschien ihm im Traum Christus. Er war der frierende Bettler!

Wir alle sind eingeladen, mit den Augen des Glaubens sehen zu lernen, wo Menschen am Rand sitzen und frieren. Wir sind aufgerufen, nicht vorbeizugehen, sondern anzuhalten, auszusteigen, Hand anzulegen und das zu tun, was notwendig ist. Die heute Frierenden sind Christus!

Indem Martin Gutes tut, wird er nicht arm, vielmehr begegnet er Christus selbst. Er findet im Geben und Teilen den Sinn: Christus, der seinem Leben Gestalt gibt und geben wird.

Dies ist die Frohe Botschaft des heutigen Tages: Menschen, die geben, verlieren nicht, ihr Leben wird vielmehr reich. Sie gewinnen ihr Leben erst neu. Denn denen gilt die große Einladung, die Jesus im Evangelium überbringt: »Kommt her, die ihr von meinem Vater gesegnet seid, nehmt das Reich in Besitz, das seit der Erschaffung der Welt für euch bereitet ist« (Mt 25,34).

GEBHARD FÜRST

Martins Botschaft – aktueller denn je

Jes 61,1–3a

»Damit ich ein Gnadenjahr des Herrn ausrufe«: Was sind das für Worte! Welch eine Hoffnung spricht daraus! Welche Freude bricht hier hervor, welch ein Jubel wird laut und lässt sich nicht zurückhalten!

Aber erleben wir wirklich eine solche Zeit der Gnade? Verspricht Jesaja hier nicht zu viel? Gibt es wirklich jemanden, der all das tun kann und tun wird: zu den Elenden gehen mit einer guten Botschaft, die glaubwürdig ist, die zerbrochenen Herzen verbinden, den Gefangenen die Freiheit verkündigen, die Trauernden trösten?

Doch lässt sich trotz aller Skepsis die Hoffnung auf das Neue nicht unterkriegen. Die Sehnsucht lässt sich nicht mehr abschütteln: Wenn es doch wahr wäre, wenn wir doch spüren könnten, dass Gott uns nahe ist, dass er uns nicht vergessen hat. Wie gut, wenn konkrete Schritte zu mehr Gerechtigkeit gemacht würden. Wie gut, wenn die Kluft zwischen reichen und armen Ländern sich zusehends schließe und Kinder nicht mehr vor Hunger sterben müssten. Wie gut auch, wenn die Bewahrung der Schöpfung Fortschritte machte und sich die Politiker entschlossen um die nachhaltigen Folgen ihres Handelns sorgten.

Bei Jesaja, der das Gnadenjahr des Herrn verkündigt, herrschen Freude, Heil und Gerechtigkeit, aber erst, nachdem das zurechtgebracht worden ist, was unheil gewesen ist. Er weiß, dass erst jemand kommen muss, der die Trauernden tröstet und ihren betrübten Geist aufhellt. Mit Worten ist es da nicht getan. Jesaja blendet das Leid, das Gefangensein und das

Elend nicht aus, sondern er will diejenigen, die darin sitzen, trösten, befreien und sich ihnen zuwenden. Dadurch wird die Freude, die am Schluss herrscht, realistischer, sie steht am Ende eines Prozesses. Jesaja weiß um die Not der Menschen, denen er seine Botschaft verkündigt, und nimmt sie ernst.

Aber: Es wird sich etwas verändern, und zwar im Leben jedes Einzelnen und im Leben seines Volkes. Die Trauernden sollen getröstet werden, es fängt also an bei dem Leid, das viele mit sich herumschleppen, das sie niederdrückt und den Lebensmut verlieren lässt. Sie sollen heil werden, ihnen sollen die Kleider des Heils angezogen werden. Wer tut das? Gott, aber er braucht dafür Menschen, die sich in seinen Dienst nehmen lassen.

Der heilige Martin ist so ein Mensch: Er geht nicht vorüber an der Not, er hält an, teilt seinen Mantel, rettet den Armen vor dem Tod in der Kälte. Wir alle sind eingeladen, mit den Augen des Glaubens sehen zu lernen, wo Menschen am Wegrand sitzen und frieren. Wir sind aufgerufen, nicht vorbeizureiten, sondern dort anzuhalten, Hand anzulegen und das zu tun, was notwendig ist. So aber können viele von uns dazu beitragen, dass Menschen getröstet werden, indem wir zuhören, mitfühlen und anderen zur Seite stehen, ohne uns beirren zu lassen. Wenn sich die Perspektive erweitert und die äußeren Bedingungen mit einbezogen werden, dann geht es darum, den Elenden die gute Botschaft zu bringen. Die Botschaft besteht in der Ankündigung und Verwirklichung von Freiheit und Gerechtigkeit, für die, denen sie vorenthalten werden. Damals, zur Zeit Jesajas, betraf das besonders die Schuldsklaven, die kleinen Bauern, die nicht genug ernteten, um die Steuern zu bezahlen, und dann sich oder ihre Kinder als Sklaven verkaufen mussten. Heute denke ich bei mangelnder Freiheit und

Gerechtigkeit nicht zuerst an unser Land, sondern an die weltweiten Unterschiede in der Verteilung von Reichtum, Entwicklungs- und Lebensmöglichkeiten. Wir reiche Länder verhindern oft, dass andere genug zum Leben haben, ohne dass bei uns jeder Einzelne das merkt oder Einfluss darauf hat.

Durch Gottes Wirken und durch unsere Mithilfe kann jenes Gnadenjahr des Herrn Wirklichkeit werden, ein Jahr, in dem wir Gottes heilsame Gegenwart spüren und uns als Menschen erleben, die in seiner Gnade stehen. Denn auch das ist eine Botschaft, die die Geschichte des heiligen Martin uns überbringt: Indem Martin Gutes tut, wird er nicht arm, vielmehr begegnet er Christus selbst. Menschen, die geben, verlieren nicht, ihr Leben wird vielmehr reich. Sie gewinnen ihr Leben erst neu. Ewiges Leben – heute schon und in der Ewigkeit.

GEBHARD FÜRST

»Gott und den Menschen nahe« – Martinus konkret

Tim 6,11–16; Lk 14,1.7–14

In den Versen des heutigen Evangeliums haben wir einen scharf beobachtenden und überraschend agierenden Jesus vor uns. Stellen wir uns die Situation möglichst konkret vor: Jesus befindet sich inmitten der Tischrunde eines vornehmen Hauses in erlauchter Gesellschaft. Bevor die Geladenen sich setzen, beginnt eine unauffällige, aber unübersehbare Drängelei nach den besten Plätzen. Jesus nimmt das wahr und gibt den etwas merkwürdigen Ratschlag, sich doch um die letzten Plätze zu bemühen, den Wettlauf und das Streben nach Macht und Anerkennung gerade nicht mitzumachen, sondern ihn heilsam zu unterlaufen. Seine Begründung: »Denn wer sich selbst erhöht, wird erniedrigt, und wer sich selbst erniedrigt, wird erhöht werden« (Lk 14,11). Der Satz ist noch bekannt, wenn wir ihn auch in unserem Alltag nicht zu sehr umsetzen. Wie oft leiden Menschen unter dem gesellschaftlichen Druck, etwas sein zu müssen, eine Rolle zu spielen, den einmal erstrittenen Platz mit Macht behaupten zu wollen. Sei es am Arbeitsplatz, im Schul- und Berufsleben und oft leider auch in unseren Gemeinden. Ein Stress um Macht, Stellung, Rang und Namen, um Anerkennung und Erscheinung, der uns unter Druck setzt und oft regelrecht krank macht. Der Rat Jesu: »Bei euch aber soll es nicht so sein«, zeigt da eine wirklich menschenfreundliche und heilsame Alternative auf.

Aber ehe nun ein Wettlauf in die andere Richtung beginnt, ein dann wirklich absurder Streit, wer denn auf dem letzten Platz sitzen dürfe, geht Jesus im heutigen Evangelium noch einen entscheidenden Schritt weiter. Er fragt den Gastgeber weiter, ob denn vielleicht an der ganzen Tafelrunde von Freunden, Verwandten und reichen Nachbarn etwas ganz anderes schief sein könnte. Jesus konfrontiert den Gastgeber mit einer anderen Art von Einladung und öffnet eine Situation, in der von selbst jegliches Drängeln, jeder Wettlauf um Ehre unmöglich, ja undenkbar wäre. Wo der oberste Platz genau gleich viel bedeutet wie der unterste, weil die Bedeutung in der Einladung selbst besteht. Jesus malt gleichnishaft die ganz andere Einladung aus, sozusagen die Einladung zur Tafelrunde Gottes.

»Wenn du ein Essen gibst, dann lade Arme, Krüppel, Lahme und Blinde ein.« Eine Einladung also an die Menschen, die nichts zu bringen, nichts zu bieten haben, die keine eigene Ehre vorzuweisen haben und gegenseitig zu vergleichen wissen, die kein anderes Recht zum Kommen und zum Dabeisein besitzen als die Güte und die Freundlichkeit dessen, der sie erstaunlicherweise eingeladen hat. Die Würde dieser Menschen besteht nicht in diesem oder jenem, was sie »bringen«, sondern Menschen sind eingeladen, weil sie Menschen sind.

Gottes Einladung zu seiner Tafelrunde gilt allen Menschen, gerade denen, die wir nie im Blick hätten, wenn wir unsere Tafeln zusammenstellten. Jesus kann ein solches Gleichnis deshalb so glaubwürdig erzählen, weil er selbst damit anfängt und seinen Blick und sein heilsames Handeln gerade auf diese Menschen lenkt. Bei Jesus stimmen Worte und Taten überein, das Gleichnis von der ganz anderen Tafelrunde Gottes und seine spürbar guten Taten für die Menschen am Rand der Gesellschaft.

Wenn Jesus aber diese Einladung dem Gastgeber als Gleichnis vor Augen hält, sagt das doch auch uns hier und heute: Eben so soll es bei euch sein, ändert eure Lebenspraxis, lenkt die

Aufmerksamkeit auf die, die bisher nicht im Blick sind und deren Gesellschaft wir eher scheuen. Im Blick auf uns: Christliche Gemeinde, nimm Maß an der Praxis der großen Einladung Gottes, orientiere dich an der Tafelrunde Gottes, wo eben Platz ist für die, die in der Welt zu kurz kommen, die ausgegrenzt, benachteiligt, übersehen werden! Was für ein wunderbares Bild für die große Einladung zur Tafelrunde Gottes! Was für eine Herausforderung für *unsere* Praxis, für *unser* Handeln in der Welt, in der Kirche, in den Gemeinden!

Die Konsequenz aus dem heutigen Evangelium: Wenn wir diese Einladung konsequent in unserem Handeln umsetzen, dann lassen wir uns von niemandem darin übertreffen, groß von allen Menschen zu denken. Unabhängig von seinem Ruf, seinem Rang und seinem Titel! Denn vor seinen Taten und Untaten, vor seinen Leistungen und Fehlleistungen, seinen Stärken und Schwächen ist jeder Mensch von Gott erwünscht und eingeladen. Jeder Mensch ist Mensch, nicht der eine mehr, der andere weniger, nicht der eine wertvoll, der andere wertlos und ein dritter unwert. Denn jeder Mensch hat nicht nur seinen Wert, sondern vielmehr zuerst eine Würde. Und diese Menschenwürde ist unantastbar, weil Gott ihr Urheber und ihr Garant ist. Wo immer Menschenwürde verletzt wird, wird Gott selbst getroffen. Und wer andererseits für die Würde des Menschen eintritt, der verwirklicht die Botschaft Jesu ganz konkret an seinem Ort, wo und wie auch immer.

Jesus gibt in seinem Gleichnis der Tafelrunde auch ganz konkrete Hinweise, wohin der Blick gelenkt werden soll: Denn nirgends sonst wird die Würde des Menschen so konkret und so schutzbedürftig wie dort, wo Menschen ausgestoßen, an den Rand gedrängt, wo sie statt eingeladen ausgegrenzt werden. Der Schriftsteller Heinrich Böll hat genau das erspürt, wenn er schreibt: »Selbst die allerschlechteste christliche Welt würde ich der besten heidnischen vorziehen, weil es in einer christlichen Welt Raum gibt für die, denen keine heidnische Welt je Raum gab: für Krüppel und Kranke, Alte und Schwache; und mehr noch als Raum gibt es für sie: Es gibt Liebe für die, die der heidnischen wie der gottlosen Welt nutzlos erschienen und erscheinen.«

Gibt es diesen Raum wirklich? Sind wir als christliche Gemeinde in der Welt daran zu erkennen, dass wir in der Nachfolge Jesu die große Einladung Gottes umsetzen und konkret verwirklichen? Wenn uns diese Einladung zu unkonkret oder auch zu schwierig erscheint, haben wir, gerade hier im Bistum Rottenburg-Stuttgart, etwa die Möglichkeit, auf einen Heiligen wie Martin zu schauen und von ihm zu lernen. Er macht die Erfahrung des Evangeliums und lässt sich *so* einladen, dass er die Herausforderung annimmt. Martin gibt ein Beispiel dafür, wie konsequent Nachfolge Jesu im konkreten Leben gestaltet werden kann. Er steht vor allem durch seine bekannte Tat der Mantelteilung wie kaum ein anderer für die christliche Praxis gelebter Nächstenliebe und helfender Nähe für die Menschen, die es besonders notwendig haben. Martin ist und bleibt eine Mahnung an uns, dass die ganz konkrete Liebe zum Nächsten, der es nötig hat, unter uns lebendig sein und bleiben muss. Martin zeigt uns eine Lebensweise, die das heutige Evangelium beim Wort nimmt, die Jesus *in der jeweiligen Situation* nachzufolgen versucht. Der heilige Martin lebte vorbildhaft und glaubwürdig ein neues Leben vor, das an der großen Einladung Gottes sein Maß nimmt. Es ist ein Leben, das um Not und Elend keinen Bogen macht, sondern solidarisch und mitleidend Anteil nimmt. Es ist ein neues Leben, das auf Ruhm, Ehre und Titel nichts gibt und aufs Menschsein alles. Ein erneuertes Leben, das auch Krankheit oder Behinderung, Leiden, Sterben und Tod nicht ausblenden will, sondern dies annimmt, weil es zum Leben dazugehört. Wir können nicht mit dem Rücken zur Not fromm sein. Denn auch das lässt sich aus der Biografie des heiligen Martin lernen: Im Traum während der Nacht nach der Mantelteilung erscheint ihm Christus selbst als eben der Bettler.

Wo wir den Menschen nahe sind, da sind wir Gott ganz nahe. Anders gesagt: Weil Gott uns längst nahe ist, können wir auch den anderen Menschen, zumal denen in Not, heilsam nahe sein. Lassen wir uns am Evangelium, am Wort Gottes messen, nehmen wir den so eindrucksvoll erzählten Impuls des Gleichnisses auf und lassen ihn zu unserem alltäglichen Pulsschlag werden. Die Einladung Gottes für die Armen, die Krüppel, die Lahmen und Blinden möge der Kompass unseres Handelns sein!

GEBHARD FÜRST

Gottes heilsame Gegenwart erfahren – Auftrag an uns

1 Kor 13,4–13; Joh 15,9–17

Ein Zeichen von ganz eigener Art ist es, dass wir unser Jubiläum 175 Jahre Diözese Rottenburg-Stuttgart mit dem Fest des heiligen Martin, dem Patron unserer Diözese, beschließen können. Dieses Heiligenfest kurz vor dem Ende des Kirchenjahres rundet unser Diözesanjubiläum ab, ja vollendet es. Der heutige Festtag zeigt uns auf ebenso eindrucksvolle wie einfache Weise, worauf es bei uns Christen ankommt: Nicht im Nehmen und Besitzen, sondern im Geben und Teilen liegt der Sinn unseres Lebens.

Mit Absicht trage ich heute den Bischofsstab mit der Szene der Mantelteilung des Martin in der Krümme, den Bischofsstab des Bekennerbischofs Joannes Baptista Sproll. Heute haben wir andere als seine Zeiten! Aber auch heute heißt es, den Glauben mutig zu bekennen. – Sich von Martins Mantelteilung inspirieren lassen wird zum Gegenzeugnis zu all der Vergötzung des Materiellen, von Haben und Besitz, die wir erleben. In unserer Diözese, durch unsere Zeit soll Martin uns führen: Nicht im Nehmen und Besitzen, sondern im Geben und Teilen leben wir den Sinn unseres Lebens und finden zur Erfüllung. Martin schützt uns so vor irrigen Wegen des Lebens, die nicht halten, was sie versprechen.

Wir feiern das Martinsfest zum ersten Mal in unserem in neuem Glanz erstrahlenden Dom zu Rottenburg. Am 6. April hat uns der Bischof von Tours bei der Wiedereröffnung eine Reliquie des heiligen Martin in die Kirche hereingetragen. Seither ist sie sichtbares Erinnerungszeichen für die Wahrheit unseres Glaubens: Nicht im Nehmen und Besitzen, sondern im Geben und Teilen liegt der Sinn unseres Lebens beschlossen.

Dies wird für uns alle lebendig und anschaulich dadurch, dass heute an 22 Christen unserer Diözese die Martinusmedaille verliehen wird, die sich aus dem Glauben in tätiger Liebe für Mitmenschen in Not und Bedrängnis eingesetzt haben und einsetzen. Sie bezeugen mit ihrem Tun: Nicht im Nehmen und Besitzen, sondern im Geben und Teilen erschließt sich dir der Sinn deines Lebens. Dieser Sinn macht uns reich! Martin führt uns alle so auf Wege des Heils.

Nachher wird die Martinsreliquie auf dem Altar stehen und anschaulich machen: Sie, die Empfänger der Medaille, haben ganz im Geiste des heiligen Martin gehandelt – ihnen wird es ergehen wie ihm!

Handeln wie Martin, das heißt letztlich nichts anderes, als unser Christsein praktisch werden lassen, das große Wort aus dem Evangelium »Liebet einander« in vielen kleinen Worten und Taten, Gesten und Handlungen durchbuchstabieren und wirksam werden lassen.

»Liebet einander!«, diese ur-christliche Aufforderung, die sich als Grundton durch das heutige Evangelium zieht, ist für Christen zentral – und hat doch zwischenzeitlich oft einen abgegriffenen, inhaltslosen Beigeschmack. Und da steht dann ein Mensch wie Martin vor unseren Augen und auf einmal wird es für uns anschaulich und gegenwärtig, wie konkret Christsein unser Leben und Handeln verändert und prägt. Und dass es Christsein glaubwürdig eben nur konkret und im Handeln für die Nächsten gibt.

Die altbekannte Szene ist uns wohlvertraut: Der Bettler an der Straße von Amiens, Martin, der nicht vorbeigeht an der konkreten Not, sondern handelt.

Ich finde im Handeln und Erfahren Martins aber noch mehr als Geben und Teilen. Ich finde bei ihm vieles vom Sichtbarwerden Gottes, wonach wir uns heute so sehnen, weil Gott uns so entfernt erscheint. Ja, von der Erfahrung Gottes mitten im Leben.

Erinnern wir uns an den frierenden Bettler: Er wird uns zum Bild für viele Menschen heute. Kälte erleben wir anders als jener. Wir alle spüren heute: Kälte ist nicht nur für unseren Leib eine tödliche Gefahr. Wir sprechen zu Recht von sozialer Kälte und oft genug greift Kälte täglich, tagtäglich nach unseren Herzen. Menschliche Wärme, die uns als Menschen doch erst leben lässt, droht allzu oft zu vergehen. Wir alle kennen das Eingezwängtsein in Pflichten und Terminen, die uns keine Zeit lassen füreinander. Wir kennen die kalten Gesetzmäßigkeiten von Handel und Markt, die uns beherrschen: Wer eiskalt rechnet, kommt nach oben und behauptet sich auch dort. Was nichts bringt, wandert auf der inneren Prioritätenliste nach unten und fällt oft hinten herunter: Dafür habe ich keine Zeit. Und erst allmählich spüren wir, wie allein wir werden, dass menschliche Beziehungen erkalten, auf Eis gelegt werden: Schließlich sterben viele Menschen den regelrechten Kältetod. Martin hat mit seinem Handeln eindrucksvoll gezeigt, was Aufstehen für das Leben heißt, wenn Menschen wagen, einander Nähe zu schenken, sich heilsam nahe zu sein. Da verändert sich alles und neues Leben kann beginnen. Martin führt uns zu Jesus Christus! Das »Liebet einander«, das Geben und Teilen, sind nicht nur große Worte, sondern sie beinhalten vor allem die Lebensgeschichte des Jesus von Nazaret, die liebende Praxis eines Menschen aus Fleisch und Blut, der uns auffordert und anstiftet, ebenso zu handeln wie er. »Du sollst den Nächsten lieben wie dich selbst.« Nächsten- und Fernsten-, Bekannten- wie Fremdenliebe verlangt uns ab, Maß zu nehmen an der Liebe, die Jesus aus Nazaret uns vorgelebt hat. Stellvertretende Liebe, die bereit ist, bis ins Letzte zu gehen. Und unser Diözesanpatron Martin ist gerade darin ein beispielhafter Heiliger, weil er die Heilsgeschichte Jesu durch seinen eigenen Lebensweg, durch sein Handeln konkret und lebendig werden lässt und uns erschließt.

Aber die Geschichte Martins geht noch einen entscheidenden Schritt weiter. Und hier erschließt er uns das Leitwort unseres Diözesanjubiläums: »Gott und den Menschen nahe«.

In der Nacht der Mantelteilung hat Martin einen Traum. Da begegnet ihm Christus mit eben dem Mantel bekleidet, den er dem frierenden Bettler, dem vom Kältetod bedrohten Menschen gab. Der bettelnde Mensch – so fällt es ihm wie Schuppen von den Augen – ist Christus selbst. In jedem, der sagt, ich habe nichts, ich brauche Hilfe, Zuwendung und Nähe, ich bin arm, krank, nackt, einsam; in jedem, der bedürftig ist, der unsere heilsame Nähe braucht, erscheint und begegnet uns Christus selbst. Jeder, der etwas von mir, von uns braucht, sei er arm oder einsam, verurteilt, verspottet, bevormundet oder behindert, benachteiligt oder ausgegrenzt: Was ihr dem Geringsten getan habt, das habt ihr mir getan! In jedem dieser Menschen begegnet uns Christus, in jedem menschlichen Hilfsruf steckt Jesus Christus – Gott selbst. Die Geschichte dreht sich um: Nicht mehr der Bedürftige kann dankbar sein, dass da einer kommt, der mit ihm teilt, was er hat. Nein: Martin selbst, der, der hatte und geben konnte, ist am Ende der Beschenkte. Ihm wird die heilsame Begegnung geschenkt, dass ihm im Bedürftigen Jesus Christus, Gott selbst begegnet – eine Begegnung, die wir alle suchen.

Als Gebender mag sich Martin vielleicht noch groß vorgekommen sein, als er seinen Mantel teilte und den Bettler wärmte. Aber das, was er tut, ist doch nur etwas Halbes: Er gibt ein Stück Mantel her. Aber Gott selbst nimmt diesen Gestus und stellt sich selbst, bekleidet mit der Mantelhälfte, vor Martin und macht ihm damit deutlich: Das Entscheidende ist nicht die soziale Tat; das Entscheidende ist nicht das Halbe, das du gibst. Dich erfüllt, dass du im Armen Christus begegnest!

Gott ist nicht der halbe Mantel, er ist der Gott, der sich zum Bettler gemacht hat, um uns nahe zu kommen, um so Schritt für Schritt unser Leben von innen her zu erfüllen. Erst hier bekommt das Wort »Gott und den Menschen nahe« seinen letzten Gehalt. Erst heute, zum Abschluss des Jubiläumsjahres, im Gedenken an Martinus hier im Martinsdom zu Rottenburg, erschließt sich uns wirklich, wie einladend offen der Himmel für uns ist. Es erschließt sich, dass Gott uns Menschen nahe gekommen ist im anderen Menschen. Und es geht uns auf, dass wir immer dort, wo wir anderen Menschen heilsam nahe kommen, ein Stück vom Reich Gottes konkret und wirklich werden lassen.

Aus diesem zweiten Blickwinkel der Geschichte hebt sich der Unterschied zwischen Geben und Nehmen auf. Derjenige, der gibt, ist zugleich der unendlich Empfangende. Und derjenige, der empfängt, ist letztlich der wirklich Schenkende – derjenige, der dem anderen die Nähe mit Christus Jesus schenkt. Das ist die tröstliche und hoffnungsvolle Botschaft für uns alle.

Wer ganz aus Gott lebt, sieht sich unversehens neben dem Nächsten, neben dem Armen und Schwachen stehen. Und wer sich dem Menschen in Kälte und Not zuwendet, der begegnet unversehens Christus: Was ihr dem Geringsten getan habt, das habt ihr mir getan.

Vom heiligen Vinzenz von Paul stammt das Wort: »Der kürzeste Weg zu Gott führt über den Nächsten.« Vinzenz von Paul spricht aus, was Martin erlebt und wir erfahren können. Er gibt uns mit diesem Wort einen Schlüssel in die Hand, das wunderbare Geheimnis unseres Glaubens zu verstehen: Im Geben und im Nehmen zeigt sich Christus. Gott erscheint, heute und alle Tage, wo wir einander als Geschwister annehmen und entsprechend handeln. Deshalb heißt es im heutigen Evangelium, das mit dem jesuanischen Ausruf unser Jubiläumsjahr beschließt: »Liebet einander, wie ich euch geliebt habe.« Und nicht zuletzt durch Gestalt und Geschichte des heiligen Martin lässt sich hinzufügen: So bin ich mitten unter euch.

GEBHARD FÜRST

»Gerechtigkeit und Frieden küssen sich«

Jes 61,1–3a; Mt 25,31–40

Ich freue mich, dass wir heute hier zusammengekommen sind, und begrüße Sie alle nochmals ganz herzlich. Denn ich könnte mir kaum einen besseren Ort vorstellen, um miteinander das Fest unseres Diözesanpatrons zu begehen, als hier in der Pfarrkirche zu Leutkirch. Eine regelrechte »Leutekirche, die dem ganzen Ort ihren Namen gegeben hat«, wie es mein Vorgänger im Bischofsamt, Georg Moser, über diese seine Heimatkirche gesagt hat.

Wir haben unser Diözesanjubiläumsjahr feierlich abgeschlossen und mit der Verleihung der Martinusmedaillen nochmals ganz konkret erfahren dürfen, was es heißt, wenn Menschen das Abenteuer Christsein annehmen und es wagen, »Gott und den Menschen nahe« zu sein.

Das Jubiläumsjahr also ist zu Ende und da begegnen uns die aufrüttelnden Worte der heutigen Lesung und laden ein, »damit ich ein Gnadenjahr des Herrn ausrufe«! Welch eine Hoffnung spricht aus diesen Sätzen! Welche Freude bricht hier hervor, welch ein Jubel wird laut und lässt sich nicht zurückhalten!

Da lässt sich trotz aller Skepsis die Hoffnung auf das Neue nicht unterkriegen. Die Sehnsucht lässt sich nicht mehr abschütteln: Wenn es doch wahr wäre, wenn wir doch spüren könnten, dass Gott uns nahe ist, dass er uns nicht vergessen hat. Wie gut, wenn konkrete Schritte zu mehr Gerechtigkeit gemacht würden.

Sie alle kennen die Worte des 85. Psalms, die in die Deckenstukkatur des herrlichen Ratssaales im Rathaus hier in Leutkirch geschrieben sind: »Justitia et Pax osculentur se«, Gerechtigkeit und Frieden küssen sich. Im Psalm geht der Text weiter: »Treue sprosst aus der Erde hervor, Gerechtigkeit blickt vom Himmel hernieder. Auch spendet der Herr dann Segen, und unser Land gibt seinen Ertrag. Gerechtigkeit geht vor ihm her, und Heil folgt der Spur seiner Schritte.«

Auch bei Jesaja, der das Gnadenjahr des Herrn verkündigt, herrschen Freude, Heil und Gerechtigkeit. Auch dort geschieht dies aber erst, nachdem das zurechtgebracht worden ist, was unheil gewesen ist. Jesaja weiß, dass erst jemand kommen muss, der die Trauernden tröstet und ihren betrübten Geist aufhellt. Mit Worten ist es da nicht getan. Jesaja blendet das Leid, das Gefangensein und das Elend nicht aus. Die Trauernden sollen getröstet werden, er fängt also an bei dem Leid, das viele mit sich herumschleppen, das sie niederdrückt und den Lebensmut verlieren lässt. Sie sollen heil werden, ihnen sollen die Kleider des Heils angezogen werden. Wer tut das? Gott, aber er braucht dafür Menschen, die sich in seinen Dienst nehmen lassen. Der heilige Martin ist so ein Mensch. Er ist darin Vorbild. Er kann uns auch heute noch die Augen öffnen. Wenn sich unsere Augen aus der Perspektive eines Jesaja und eines Martin öffnen, dann geht es in all unserem Tun darum, den Elenden die gute Botschaft zu bringen. Die Botschaft besteht in der Ankündigung und Verwirklichung von Freiheit und Gerechtigkeit, für die, denen sie vorenthalten werden.

Das Jahr unseres Diözesanjubiläums ist ausgeklungen, aber durch Gottes Wirken und durch unsere Mithilfe kann zu jeder Zeit jenes Gnadenjahr des Herrn Wirklichkeit werden, eine

Zeit, in der wir Gottes heilsame Gegenwart spüren und uns als Menschen erleben, die in seiner Gnade stehen.

Martinus, der den Mantel teilt, verwirklicht durch sein Handeln den Satz: »Liebet einander, so wie ich euch geliebt habe!« Und weil er auf die Weise ernst macht mit dem Evangelium, erlebt er die Wahrheit jener Sätze des heutigen Evangeliums, in denen sich Jesus selbst mit den Ärmsten der Armen identifiziert: »Ich war hungrig und ihr habt mir zu essen gegeben, ich war durstig und ihr habt mir zu trinken gegeben. ich war krank und ihr habt mich besucht; ich war im Gefängnis und ihr seid zu mir gekommen.«

Auch das ist eine Botschaft, die die Geschichte des heiligen Martin uns überbringt: Menschen, die geben, gewinnen ihr Leben erst neu. Ewiges Leben – heute schon und in der Ewigkeit.

Gebhard Fürst

»Sorgt als Hirten für die euch anvertraute Herde Gottes!«

1 Petr 5,1–4

Welch wunderbares Wort über die christliche Gemeinde wird uns im eben gehörten Lesungstext vor Augen gestellt. Es führt uns vor Augen, wie gut und heilsam menschliches Handeln auch heute sein kann. Es erinnert uns an Jesus Christus selbst, unseren Bruder und Herrn, der uns in seine Nachfolge gerufen und uns wie kein anderer vorgelebt hat, was es heißt, der gute Hirt zu sein, der für seine Herde sorgt. Im Evangelium sagt Jesus über sich selbst: »Ich bin der gute Hirt. Der gute Hirt gibt sein Leben hin für die Schafe.«

Und dieses Bild greift der Verfasser des Petrusbriefes auf und gibt es uns als Anstiftung und Ermutigung mit auf unsere Lebenswege. In der Sorge wie ein Hirt um die anvertraute Herde Gottes so zu handeln, wie es Jesus Christus vorgelebt hat, das ist der Auftrag der heutigen Schriftlesung. Den Verlorengegangenen nachzugehen, die Ausgegrenzten und Behinderten in die Mitte zu holen, den Mut- und Kraftlosen unter die Arme zu greifen und ihnen neue Lebensperspektiven zu eröffnen, denen, die schuldig geworden sind, die erbarmende Liebe Gottes erfahren zu lassen, vieles weitere mehr im Kleinen und Großen fällt jedem ein. Dass wir aber so handeln können und zu solch befreiendem Aufstehen für das Leben in der Lage sind, ist uns erst durch das Leben und Sterben Jesu Christi klar geworden. Er hat uns durch sein erlösendes und versöhnendes Handeln das Tor dazu geöffnet, füreinander in wahrhaft christlicher Hirtenpraxis zu sorgen.

Und gerade ein Mensch wie der heilige Martin hat uns dann beispielhaft vorgelebt, wie solche Praxis der Nachfolge, wie solches Leben aus christlichem Geist ganz konkret aussehen kann. Denn die Geschichte des Martin von Tours wird deshalb bis heute weitererzählt, weil in ihr der Satz: »Liebet einander, so wie ich euch geliebt habe!« (Joh 15,12) zur Szene, zum Bild, zur Gestalt wird. Sein Biograf Sulpicius Severus berichtet über ihn: »Er half den Kranken, unterstützte die Unglücklichen, nährte die Bedürftigen, bekleidete die Nackten und behielt von seinem Lohn nur so viel für sich, als er für seine tägliche Nahrung brauchte.« In Martin zeigt sich, dass das Heilige und das Menschliche ineinander verwoben sind. Wo immer das Leben von bösen Mächten beeinträchtigt, niedergedrückt und zerstört wird, wo Menschen bedroht sind, verloren zu gehen, da trat er für sie ein und stand unermüdlich auf für das Leben. Für Martin war jeder Mensch heilig, in seiner Würde unverfügbar und unantastbar – ein unter keinen Umständen zu Verletzender. Die bekannte Mantelteilung vor den Toren der Stadt Amiens ist die sprechendste, anschaulichste Tat seiner Liebe zum Nächsten. Martin geht nicht vorüber an der Not, er hält an, teilt seinen Mantel, rettet den Armen, den in der Kälte Verlorenen, vor dem Kältetod.

Kälte erleben Menschen heute in unseren Breiten anders als der Bettler in Amiens. Unsere Mantelteilung sieht deshalb oft anders aus als damals. Aber Beispiele für erfahrene und erlittene Kälte lassen sich leicht aneinander reihen. Es gibt viele Variationen von schneidender Kälte in der Gegenwart unserer Gesellschaft. Für diese Menschen und alle Verlorenen unserer Zeit steht in der Martinsgeschichte der Bettler von Amiens, der *uns* bittet, unseren »warmen Mantel« zu geben: den Mantel der Nähe, den Mantel der Annahme, den Mantel des Respekts, den Mantel der Anwaltschaft, der Mantel der Zuwendung, den Mantel der Wertschätzung, den Mantel der Barmherzigkeit, den Mantel der Arbeit für Arbeitslose.

Und noch etwas erzählt uns die Geschichte des Martin: Im Nächsten begegnen wir Christus, ja der Arme *ist* Christus! Das Wort der Schrift »Was ihr einer oder einem meiner geringsten Schwestern und Brüder getan habt, das habt ihr mir getan« (vgl. Mt 25,40), erlebt Martin hautnah – uns zur Verheißung, wo wir unsere Nächsten lieben. Lassen wir uns anstecken, sorgen wir als Hirten für all die Verlorenen!

GEBHARD FÜRST

Martinsverehrung – mehr als Brauchtum

Jes 61,1–3a; Mt 25,31–40

»Was ihr für einen meiner geringsten Brüder getan habt, das habt ihr mir getan.« Diese fulminante Zusammenfassung der eigentlichen urchristlichen Einsicht, auf die alles ankommt, ist eine Wahrheit, die in zwei Richtungen gedacht werden muss, wenn wir sie wirklich verstehen wollen: Christliche Liebe ist immer nur glaubhaft, wenn sie konkret handelt. Und: Da, wo wir dem Nächsten wirksam beistehen und ihm zum Leben helfen, da erschließen wir ihm – und auch uns selbst! – einen Weg wirklicher Gotteserfahrung.

Nun wissen wir aber auch aus unserem Alltag, dass jede noch so plausible Wahrheit viel schwerer zu verstehen ist als ein überzeugendes Beispiel. Ein konkretes Beispiel, das wir bei einem anderen Menschen miterleben können, spricht uns mehr an als jeder abstrakte Satz. Und so ist es auch hier: Martin, der den Mantel teilt, veranschaulicht sprechend und vor allem handelnd den Satz: »Liebt einander!« Die Geschichte des Martin von Tours wird deshalb bis heute weitererzählt, weil in ihr der Satz »Liebet einander, so wie ich euch geliebt habe!« zur Szene, zum Bild, zur Gestalt wird.

Wie aber begegnet uns denn die Gestalt des Martin? In einer Zeit, in der wir allzu oft Unheilvolles erleben, in der so manches im Argen liegt, in solch einer Zeit ist ein Mensch wie der heilige Martin ein heilsames Vorbild für uns alle: Er geht nicht vorüber an der Not, er hält an, teilt seinen Mantel, rettet den Armen vor dem Tod in der Kälte. Dadurch kann uns unser

Diözesanpatron Martin weit über jedes Brauchtum hinaus zur wirksamen Hilfe und zum Richtung weisenden Beispiel werden.

Schon immer haben sich Menschen gefragt, wie sie ihr Leben sinnvoll gestalten können: Was ist das Ziel unseres Lebens, wo geht es hin mit unserer Welt? Unser Glaube gibt uns hier die Antwort: Gott hat sich uns Menschen in Jesus Christus ganz geschenkt. Er ist »um unseres Heiles willen« ganz Mensch geworden, damit auch wir ganz Mensch werden können. Gott verwirklicht in Jesus Christus eben das Jahr der Gnade, von dem Jesaja gesprochen hatte: »In dem die Armen eine frohe Botschaft hören sollen, in dem jene Heilung finden sollen, deren Herz zerbrochen ist, in dem Gefangene entlassen und Gefesselte befreit werden.«

Auch bei Jesaja, dem alten Propheten, der das Gnadenjahr des Herrn verkündet hatte, herrschen Freude, Heil und Gerechtigkeit. Auch dort aber geschieht all das erst, *nachdem* das in Ordnung gebracht worden ist, was unheil gewesen ist. Jesaja weiß, dass *erst* jemand handeln muss, der die Trauernden tröstet und ihren betrübten Geist aufhellt. Und mit Worten ist es da nicht getan. Jesaja blendet das Leid, das Gefangensein und das Elend nicht aus, sondern *er* will diejenigen, die darin sitzen, trösten, befreien und sich ihnen zuwenden. Jesaja weiß um die Not der Menschen, denen er seine Botschaft verkündigt, und nimmt sie ernst.

Aber er ist sich hoffnungsvoll sicher: Es wird sich etwas verändern, und zwar im Leben jedes Einzelnen und im Leben aller. Die Trauernden sollen getröstet werden, es fängt also an bei dem Leid, das viele mit sich herumschleppen, das sie niederdrückt und den Lebensmut verlieren lässt. Sie sollen heil werden, ihnen sollen die Kleider des Heils angezogen werden. Wer tut das? Letztlich, da ist sich Jesaja gewiss, ist dies Gott selbst. Aber Gott braucht dafür Menschen, die sich in seinen Dienst nehmen lassen. Diese Prophezeiung des alttestamentlichen Propheten ist in Jesus Christus konkret geworden.

Auch Martinus, der den Mantel teilt, verwirklicht durch sein Handeln ganz konkret den Satz: »Liebet einander, so wie ich euch geliebt habe!« Und weil er so konsequent ernst macht mit dem Evangelium, erlebt er denn auch die Wahrheit jener Sätze des heutigen Evangeliums, in denen sich Jesus selbst mit den Ärmsten der Armen identifiziert: »Ich war hungrig und ihr habt mir zu essen gegeben, ich war durstig und ihr habt mir zu trinken gegeben. ich war krank und ihr habt mich besucht; ich war im Gefängnis und ihr seid zu mir gekommen.«

Das ist die andere Seite der Botschaft, die die Geschichte des heiligen Martin uns überbringt: Indem Martin Gutes tut, begegnet er Christus selbst. Menschen, die geben, gewinnen Ewigkeit in der Zeit und darüber hinaus. Wer sich in Liebe den anderen zuwendet, der wird in ihnen Gott selbst finden. Das zeigt uns die Geschichte des heiligen Martin, der in einer konkret gegebenen Situation wirksam und heilsam für den handelte, der es nötig hatte. Im Moment der Tat wendet er nicht nur das Schicksal des Bettlers zum Guten. Nein, denn das zeigt der Traum der folgenden Nacht: Auch das Leben des heiligen Martin erfährt eine heilsame Wandlung und erhält eine bis dahin ungeahnte Tiefe und einen wirklichen Lebenssinn. Ihm begegnet in seiner Lebensgeschichte Jesus Christus selbst. So gewinnt nicht nur der Bettler vor den Toren von Amiens. Nein, auch der heilige Martin findet sein Leben ganz neu, ja, sollten wir nicht sagen: Er kommt seinem eigenen Leben in erstmaliger Weise wirklich auf die Spur.

Der Sinn eines Lebens aus christlicher Sicht besteht keineswegs in bedingungsloser Selbstverwirklichung, sondern vielmehr in der konsequenten Frage danach, was für den anderen gut ist, dem wir begegnen. Was der Fremde benötigt, um wirklich leben zu können. Wenn wir in dieser Spur handeln und unser Leben gestalten lassen, werden auch wir zu anstiftenden Vor-Bildern, die andere Menschen mitreißen können. So geben wir als Christen, als Gemeinde, als Diözese und als Kirche insgesamt ein ermutigendes Zeichen in der Zeit, ein Zeichen, das diese Zeit dringend nötig hat, ein Zeichen, das zum missionarischen Impuls für andere werden kann. Die Identität von Glauben und Leben, von Reden und Handeln, darauf kommt es an. Wenn wir heute Menschen erreichen wollen, dann überzeugt vor allem die Einheit aus der Botschaft, die wir verkünden, und den Taten, die glaubwürdig für diese Botschaft sprechen.

Nicht zufällig wird bis heute die Geschichte von Martin weitererzählt, weil er eben diese Einheit von Leben und Liebe überzeugend und beispielhaft lebte. Martin ist daher in der Tat und durch seine Tat ein wirkliches Vor-Bild, das uns anschaulich und missionarisch wirksam Zeugnis davon gibt, dass Gott zuerst und zuletzt die Liebe ist und in der Liebe lebt. Und dass wir Gott finden in dem Maße, in dem wir uns selbst ganz für den anderen, für den Fremden einsetzen. Wo das aber geschieht, da ist es ein Anlass zu wirklicher Freude bei Gott und den Menschen. Die Not des anderen wahrzunehmen und heilsam dazu beizutragen, diese Situation heilsam zu verwandeln, das lässt ein Gnadenjahr des Herrn anbrechen. Oder umgekehrt: Das Antlitz des Herrn zu suchen und es im Nächsten zu finden, der unsere Nähe, der unsere Liebe nötig hat. Das sind die beiden großen Botschaften des heutigen Festtages.

GEBHARD FÜRST

Martin *im* Auge – den Nächsten *vor* Augen

Vielleicht kennen Sie das: Da begegnet Ihnen ein Wort oder ein Satz, der Sie packt und nicht mehr loslässt. Mir ging das so bei diesem Satz: »Wir kommen, wohin wir schauen – was wir im Auge haben, dahinein werden wir verwandelt.« (H. Spaemann)

Ein weises Wort. Eine aktuelle Kulturdiagnose besagt: Unsere Kultur hat sich von einer hörenden zu einer sehenden entwickelt. Fachleute sprechen von der Wende hin zum Sehen, hin zum Bild. In der Tat: Viele Menschen orientieren sich gegenwärtig mehr durch das, was sie sehen.

Stimmt aber auch der Satz, dass wir uns dahin verändern, was wir im Auge haben? Ich will ihn anhand von ein paar scheinbar selbstverständlichen Alltagsmechanismen überprüfen:

Schauen junge Menschen über Jahre hinweg Gewaltfilme oder sitzen Tag und Nacht am Computer mit Killerspielen, dann besteht die Gefahr, dass sich das Gesehene in ihre Köpfe schleicht, dass es wie Gift in ihre Seelen träufelt. Und wenn sie dann noch im realen Leben massive Probleme haben oder in einem gewaltfreundlichen Umfeld leben, dann kann es passieren, dass die Sicherung durchbrennt.

Ein anderes Beispiel: Schauen wir in der Politik, in der Kirche oder der Gesellschaft nur auf die Strukturen von Oben und Unten, orientieren wir uns immer an den Regeln von Machtspielen, dann sind wir bald in Gefahr, unbarmherzig zu werden – und nehmen den Menschen, der uns braucht, nicht mehr wahr.

Und schauen wir nur auf Leistung und Erfolg und hecheln auf dem Jahrmarkt der Eitelkeiten stets dem neuesten Kick hinterher, dann werden wir bald egozentrisch und gnadenlos.

Also, es ist wohl richtig: »Was wir im Auge haben, das prägt uns, da hinein werden wir verwandelt.« Dieser Satz wird so auch zur Mahnung, darauf zu sehen, was wir im Auge haben – und was wir anderen vor Augen stellen. Denn immerhin werden wir ja dahin verwandelt.

Papst Benedikt hat vor Kurzem im italienischen Ort Manopello das Schweißtuch der Veronika besucht. Veronika ist bekannt durch eine besonders liebevolle Geste: Sie hat dem leidenden Christus auf seinem Weg mit dem Kreuz den Schweiß vom geschundenen Gesicht abgewischt. Und auf diesem Tuch, so die Legende, ist das Gesicht Christi zu erkennen.

Nun waren viele Menschen darauf gespannt, ob Papst Benedikt etwas zur Echtheit dieses Schweißtuches sagen würde. Das tat er aber nicht. Er fragte vielmehr nach einer tieferen Wahrheit und setzte dabei beim Namen »Veronika« an: Vera-Ikon, wahres Bild. Hier liegt die tiefste Wahrheit des Satzes. »Was wir im Auge haben, das prägt uns, da hinein werden wir verwandelt.« Sie sieht den leidenden Jesus, lässt sich in die Geschichte hineinziehen – und handelt. Und im Abbild des so entstandenen Schweißtuches öffnet sich der Blick auf Jesus Christus. Und zieht damit die Menschen nicht nur an, sondern auch in das Geschehen hinein.

Menschen wie Veronika oder auch der heilige Martin im Moment der Mantelteilung: Das sind Menschen, die ganz konkret aus Liebe handeln. Und die durch ihr Handeln ein Bild, eine Spur der Liebe Gottes in unserer Welt sichtbar machen. So werden sie zum Vor-Bild, hier und heute ebenso zu handeln

– und so uns selbst und die Welt nach dem Bild Gottes heilsam zu verändern.

»Was wir im Auge haben, das prägt uns, da hinein werden wir verwandelt.« Ein weiser Satz. Ein heilsamer Satz: Wenn es mir gelingt, auf Jesus Christus zu schauen, mich auf ihn einzulassen. In seine Geschichte nach und nach hineingezogen zu werden. Und mich durch sein Leben und seine Liebe verwandeln zu lassen.

GEBHARD FÜRST

Martinus – Patron der Diözese Rottenburg-Stuttgart

Denkmal, das uns mahne

Jer 31,31–34; Joh 12,20–33

Viele von Ihnen mögen sich von Herzen gefreut haben, als sie heute Morgen zur Wiedereröffnung des Domes zu Rottenburg aufbrachen. Denn nun können wir uns wieder an diesem *Ort des Glaubens und des Gebetes* versammeln, der für viele Menschen in Jahrzehnten des Mitfeierns der Gottesdienste zur geistlichen Heimat geworden ist.

Heute sehen wir diesen Kirchen-Raum ganz verändert und in neuem Glanz wieder. Der Innenraum der Domkirche hat ein neues Gesicht erhalten. Heller, freundlicher, moderner, zeitgenössischer ist er geworden: *Ein Raum voller Licht im Innern.* Aber auch von außen strahlt – gebrochen in bunter Farbigkeit – das Licht durch die Fenster. Eine offene Atmosphäre voller Ausstrahlung.

Aber: Ist das nicht zu schön, um wahr zu sein? Steht dieser lichte, glanzvolle Raum nicht in Kontrast zu den schwierigen Zeiten, die wir erleben? Der Krieg im Irak und das vielfache Sterben von Menschen wühlt uns alle auf! Wir erfahren, was Zerstörung vermag. Aber auch das Leben und Zusammenleben in unserer Gesellschaft sind – wenn auch auf ganz andere Art – durch viele Entwicklungen bedroht. Der Zusammenhalt wird geringer, die soziale Temperatur sinkt und die Bedrohung des Lebens steigt. Die Kräfte der Beschädigung, ja der Zerstörung des Lebens nehmen zu. Und das obwohl – oder gerade weil? – uns Menschen heute durch Wissenschaft und Technologien wie nie zuvor extreme Gestaltungs-Kräfte zur Verfügung stehen. Wie aber können wir diese zum Guten, zum Heil der Menschen, zum Heil der Welt nützen?

Angesichts dieser Situation zugewachsener Verantwortung ruft uns ein der Kirche nicht Nahestehender zu Recht zur Verantwortung, wenn er schreibt: »Ohne die Wiederherstellung des Heiligen, d. h. des Unverfügbaren und Unantastbaren, werden wir keine Ethik haben können, die die extremen Kräfte zügeln kann, die wir heute besitzen und dauernd hinzuerwerben.« (Hans Jonas)

Unser *Martins-Dom ist ein Ort des Heiligen;* ein lichter Raum, der zugleich eine Ahnung vom Unverfügbaren vermittelt, in besonderer Weise in der neuen Sakramentskapelle. Gleich feiern wir zum ersten Mal wieder miteinander Eucharistie im neuen Dom. Die *Liturgie ist die Feier des Heiligen* und stellt Christus in seiner liebenden Hingabe als Heil der Welt und Brot des Lebens in die Mitte. Nach der Kommunion bringen wir dann die eucharistischen Gaben, den *Leib des Herrn,* das *Brot des Lebens* in den Tabernakel der Sakramentskapelle. Diese Kapelle ist so der Ort des Allerheiligsten: Ort der Christusgegenwart im Sakrament des eucharistischen Brotes.

Und über der Sakramentskapelle erhebt sich der Turm und verweist auf dieses Allerheiligste. Wann immer wir diesen Turm sehen, werden wir daran erinnert: *Gott ist uns Menschen nahe.* Der Domturm ist so im wörtlichen Sinn Wahr-Zeichen für die Anwesenheit des Heiligen mitten in der Welt.

Einer, der aus dem Heiligen gelebt und Heiliges getan hat, ist der heilige Martin. Sein Biograf berichtet über ihn: »Er half den Kranken, unterstützte die Unglücklichen, nährte die Bedürftigen, bekleidete die Nackten und behielt von seinem Lohn nur so viel für sich, als er für seine tägliche Nahrung brauchte.« In Martin zeigt sich, dass das Heilige und das Menschliche ineinander verwoben sind.

Martin ist Patron unserer Domkirche und unserer Diözese, seine Gestalt gibt uns Orientierung, ja Weisung für unsere Zeit: Wendet euch den Schwachen und Bedrückten aller Art zu, unterstützt die Unglücklichen! Er erinnert uns unablässig daran: Die Kirche ist eine diakonische, eine helfende und heilende Kirche.

Deshalb freue ich mich sehr, dass der Erzbischof von Tours uns heute eine Reliquie dieses heiligen Martin überbringt. Denn dieses – sichtbar aufgestellte – An-Denken an Martin wird uns immer erinnern an seine Taten und an die Botschaft, die von ihm ausgeht.

Viele von uns tragen ja ein Andenken bei sich, ein Zeichen, das sie erinnert an einen geliebten Menschen. So verstehe ich die Martinsreliquie: als Zeichen der Verbundenheit mit ihm, als Zeichen der Erinnerung an den Heiligen. Indem wir uns sein Leben und seine Taten der Nächstenliebe vergegenwärtigen, wird seine Gestalt, sein Tun und Handeln in uns lebendig. Von ihm geht Motivation aus, Kraft zu handeln nach seinem Geist und Vorbild. So ist das Reliquiar ein »Denk-mal!« an Martin.

Zudem ist Martin mit seinem Lebenslauf, geboren in Ungarn – begraben in Tours, ein europäischer Heiliger. Auch deshalb ist Martin für uns heute so bedeutungsvoll. Denn ich habe die Sorge, dass das größere Europa an dieser zutiefst christlichen, sozialen Dimension Schaden nimmt. Wie kaum ein anderer versinnbildlicht er die soziale, karitative Dimension unserer Kultur und Gesellschaft. Martin ist und bleibt eine Mahnung an uns, dass die Caritas unter uns lebendig sein und bleiben muss.

Aber Martin ist nicht nur ein Mann tätiger Nächstenliebe, sondern auch ein Mann des Friedens. Als junger Mann zum Militärdienst gezwungen, verlässt er das Heer des römischen Kaisers mit den Worten: »Bis heute habe ich dir gedient, erlaube mir, dass ich jetzt Gott diene. Ich bin Soldat Christi, es ist mir nicht erlaubt zu kämpfen.« Martin zieht nicht in den Krieg, sondern macht sich auf den Weg der Nachfolge Christi. Er stellt sich in den Dienst Christi und legt deshalb die Waffen nieder! Martin ist ein Friedenszeichen für unsere Zeiten, das Reliquiar ein Friedensmal in unserem Dom.

So wird die Reliquie für uns zur heilsamen Er-Innerung: Indem wir uns an sein Leben und die Praxis seiner Nächstenliebe erinnern, wird seine Gestalt, sein Tun und Handeln in uns lebendig. Der heilige Martin kann uns eine wirkmächtige Motivation dazu sein, in seinem Geist zu leben, zu glauben und zu handeln. Dies alles – seine tätige Nächstenliebe, seine Christusbegegnung im Bettler, sein Vorbild für karitatives Handeln, seine Ablehnung von Waffen-Gewalt – dies alles meinen wir, wenn wir nachher beim Hereintragen des Reliquiars in unserem Diözesanlied »Sankt Martin, dir sei anvertraut« zu Recht auch singen: »Sei nun zur Hilf für uns bereit, dass die Gemeinde sich bewährt und Hoffnung trägt in *unsre* Zeit.«

Martin ist Impuls für unsere ganze Diözese zur Erneuerung nach seinem Vor-Bild.

GEBHARD FÜRST

Martin – ganz für den Nächsten da

Jes 61,1–3a; Mt 25,31–40

»Um unseres Heiles willen« – Über dieses Leitwort meines bischöflichen Dienstes habe ich in den vergangenen Wochen schon oft gesprochen. Mir ist es ein Anliegen, diese Grundwahrheit unseres Glaubens an Jesus Christus deutlich zu machen. »Um unseres Heiles willen kam Christus herab«, beten wir im Großen Glaubensbekenntnis. Er kam herab, um der ganzen Menschheitsfamilie in die oft so verfahrenen Situationen ihrer Geschichte hinein Erlösung und Heilung zu schenken. Er kam herab, um jedem einzelnen Menschen in sein kompliziertes und oft schweres Leben hinein Erfahrungen des Heils zu ermöglichen.

Jesus Christus ist ganz der Mensch für andere Menschen, er war ganz und gar »für andere da« *(D. Bonhoeffer)*. Dieses »für uns« Gottes ist die Grundbotschaft des Evangeliums, ja es ist die »Frohe Botschaft« selbst. Wir verehren nicht irgendeine ferne Gottheit, die nichts mit uns zu tun hat. Wir verehren einen Gott, der vielmehr *alles* mit uns zu tun hat, einen Gott, der *Gott für uns* ist. »Für wen ist er empfangen und geboren, für wen hat er gelitten und den Tod auf sich genommen?«, fragt Martin Luther in einer Predigt und setzt mit großem Nachdruck hinzu: »Für uns, uns, uns!« Wenn Gott auf so radikale Weise für uns ist, dann können wir auch mit dem Apostel Paulus gewiss sein: Niemand kann dann noch gegen uns sein! (Röm 8,31)

Gott ist für uns Christen kein ferner Gott. Er ist nicht aus Versehen Mensch geworden, sondern aufgrund seines Heilswillens. Dies spricht in der Lesung des heutigen Tages der Prophet Jesaja an: »Der Herr hat mich gesandt«, heißt es dort. Jesus Christus ist Gesandter Gottes, er ist *für uns* und *zu uns gesandt*, als die Fülle der Zeiten gekommen war. Dieser bedeutendsten Wende der menschlichen Geschichte gedenken wir in diesem Heiligen Jahr des »Großen Jubiläums«. Es ist das »Gnadenjahr des Herrn«, in dem die Armen eine frohe Botschaft hören sollen, in dem jene Heilung finden sollen, deren Herz zerbrochen ist und in dem alle die wahre Freiheit finden sollen, wovon auch immer sie gefesselt und gefangen sind.

Was ist die Grundorientierung, die Zielrichtung menschlichen Lebens? Unser Glaube an Christus gibt uns Antwort. Gott hat sich in Jesus Christus uns Menschen geschenkt und ist »um unseres Heiles willen zu uns Menschen herabgekommen«, um den »Armen eine frohe Botschaft zu verkünden«. Aus dieser Orientierung und Grundoption Gottes auf uns Menschen hin und für uns Menschen ergibt sich auch die Orientierung unseres menschlichen Lebens. So wie Gott auf uns zugeht und sich uns zuwendet – insbesondere denjenigen, die, in welcher Weise auch immer, »arme Menschen« sind –, so sollen auch wir uns ihm zuwenden. Die Antwort auf *seine* Liebe zu uns ist umgekehrt unsere Liebe zu ihm. Die Antwort auf *seine* Zuwendung zu den Armen und zu denen, deren Herz zerbrochen ist, ist unser Aufbruch aus unserer Selbstgenügsamkeit hin zur Hinwendung zu all denen, die in Not sind. Diese beiden Zielrichtungen: Gott und der Nächste, widersprechen sich nicht, sie laufen ineinander: Wer Gott liebt, kann seinen Bruder nicht hassen (vgl. 1 Joh 4,20). Und wer sich seinem Nächsten zuwendet, der wird in ihm Gott selbst begegnen. Das Evangelium von heute stellt uns das ganz unzweifelhaft vor Augen: »Was ihr für einen meiner geringsten Brüder getan habt, das habt ihr mir getan« – »Ich war hungrig, und ihr habt mir zu essen gegeben. Ich war fremd und obdachlos, und ihr habt mich aufgenommen; ich war krank und ihr habt mich besucht ...« Weil Christus selbst der niedrigste der Menschen wurde, deshalb begegnen wir ihm besonders in all denen, die ganz unten sind. Dies hat der heilige Martin am eigenen Leibe erlebt. Als er dem frierenden Bettler die Hälfte seines Mantels gab, da erschien ihm in der darauffolgenden Nacht im Traum Jesus Christus selbst – bekleidet mit jener Mantelhälfte, und Martin hörte ihn sagen: »Martin [...] hat mich mit diesem Mantel bekleidet.« (Sulpicius Severus)

Diese Zuwendung zum Nächsten haben die Frauen und Männer, deren Engagement in diesem Jahr mit der Martinusmedaille geehrt wird, auf besondere Weise verwirklicht und in die Mitte ihres Lebens gestellt. Sie haben ernst gemacht mit ihrem Glauben, sie geben mit ihrem Leben und ihrem Einsatz die Antwort auf jenes große »Für uns« Gottes. Es hat mich in den Beschreibungen ihres Engagements sehr beeindruckt, mit welcher Freude, Energie und Ausdauer diese Frauen und Männer sich einsetzen, mit welchem Erfindungsreichtum und welcher Originalität sie nach Wegen suchen, für andere da zu sein. In der Aufzählung der Bereiche, in denen sie sich einbringen, erkennen wir wie in einem Negativbild die sozialen Brennpunkte unserer Gesellschaft und die Löcher in unserem sozialen Netz: die Sorge um die Kranken und Sterbenden in der Krankenhausseelsorge und Hospizarbeit, die Sorge um Wohnungslose und Ausländer, um Behinderte und Benachteiligte. Es lässt sich aber darin auch erkennen, worauf es in unserer Gesellschaft ankommt: darauf, dass Menschen sich über ihren privaten Bereich hinaus für die Gemeinschaft einsetzen, über ihren Beruf hinaus ehrenamtlich Verantwortung übernehmen – auch im politischen und gesellschaftlichen Bereich.

Wir dürfen sehr froh und dankbar sein über so viele gute Initiativen im Sinn des heiligen Martin. Ich danke allen, die wir heute mit der Martinusmedaille ehren. Ich danke aber auch von ganzem Herzen all den vielen, die sich wo auch immer für den Nächsten und die Gemeinschaft einsetzen. Ich danke herzlich allen, die aus Anlass der Bischofsweihe eine großherzige Gabe gespendet haben, mit denen Kinder in der Republik Kongo eine Zukunft erhalten und mit der in unserer Diözese alleinerziehenden Frauen geholfen wird, einen Platz im Berufsleben zu finden. Und ich danke schließlich auch den vielen, die auf meinen Brief hin zum Fest des heiligen Martin unsere »Aktion Martinusmantel« unterstützen und damit jungen Arbeitslosen eine Zukunft geben!

Wie erfindungsreich kann doch die Liebe zum Nächsten und der Einsatz für den Nächsten sein! Gott findet so viele Wege und Weisen, zum Heil der Menschen zu wirken!, sagt schon Klemens von Alexandrien, ein früher Lehrer des Christentums. Wir alle sind eingeladen, aus unserem Glauben heraus hinzuschauen, wo Not am Mann und Not an der Frau ist und Hand anzulegen und auf vielerlei Weise Gutes zu tun. Indem der heilige Martin großherzig gibt, wird er dadurch nicht arm, er begegnet Christus selbst. Alle, die geben, verlieren nicht, sie gewinnen ihr Leben. Zu ihnen sagt Christus: »Kommt her, die ihr von meinem Vater gesegnet seid!«

GEBHARD FÜRST

Martin – unsere Leitfigur

*»Wir loben den Herrn in unserem Leben,
das heißt durch unser gutes Handeln.«
(Arnobius)*

Das II. Vatikanische Konzil, dessen 40-jähriger Abschluss im Jahr 2005 in zahlreichen Veranstaltungen erinnert wurde, überschreibt seine Kirchenkonstitution wie mit einem Ausrufezeichen: Lumen Gentium, Licht der Völker. Dass dies keineswegs in einem triumphalistischen Sinne gemeint ist, wird gleich im ersten Satz deutlich, in dem es heißt: *Christus* ist das Licht der Völker. Die Kirche selbst wird anschließend in eine doppelte Beziehungsstruktur gesetzt, nämlich einerseits zu Jesus Christus und andererseits zu Welt und Menschen: »Die Kirche ist ja in Christus gleichsam das Sakrament, das heißt Zeichen und Werkzeug für die innigste Vereinigung mit Gott wie für die Einheit der ganzen Menschheit.« (LG 1)
Die Kirche lebt *nicht aus sich selbst* und *nicht für sich selbst.* An diese sakramentale, grundlegende und strukturprägende Verfasstheit der Kirche zu erinnern, gehört zu den wichtigsten Vermächtnissen und Aufgaben, die das Konzil dem Gottesvolk hinterlassen hat: Der Ursprung allen kirchlichen Lebens und die Wurzel ihrer konkreten Gestalt ist ihr bleibender »Bezugspunkt« Jesus Christus. Jesus von Nazaret, sein Leben und seine Botschaft, seine Verkündigung und sein heilendes Handeln, sein Leiden, sein Tod und seine Auferstehung sind für die Kirche bleibende Orientierung und verpflichtender Maßstab. Der Blick auf ihn ist für die Menschen, die ihm nachfolgen, für seine Gemeinde und für die ganze Kirche das bleibende Krite-

rium in Inhalt und Gestalt. Hier liegt die Mitte eines Kirchenverständnisses aus konziliarem Geist.

Eine theologische Wissenschaft, die sich um Erkenntnis und Darstellung der angemessenen Pastoral und die Erschließung der Ekklesiopraxis bemüht, muss im Grunde wieder und wieder versuchen, diese Grundausrichtung des Konzils durchzubuchstabieren. Tut sie dies aber, leistet sie damit einen unverzichtbaren Dienst für eine Kirche, die zeitgemäß, aber auch zugleich der Botschaft entsprechend sein soll. So kann sich wirklich und wirksam eine Pastoraltheologie im Interesse einer Kirche entwickeln, die den Menschen ansieht (Walter Fürst)[17]. Um diese beiden Aspekte, die Vermittlung der jesuanischen Frohbotschaft in kirchliche Praxis hinein und auch die kritisch-konstruktive Begleitung der realen Kirchengestalt und des kirchlichen Handelns, muss es der Pastoraltheologie als wirklich praktischer Theologie stets gehen. Oder wie es Walter Fürst ausdrückt: »Das Image, das die Kirche bei den Menschen hat, ist nicht in erster Linie eine Frage der pastoralen Handlungskonzepte und Methoden, das auch. Vielmehr und vor allem aber hängt es von der Art und Weise ab, wie sie sich auf sich selbst und die Menschenwelt bezieht. Entscheidend ist die Form ihrer ekklesialen Präsenz und Existenz.«[18]

Wie aber werden diese eher abstrakten, wiewohl richtigen und wichtigen Einsichten für unseren (kirchlichen) Alltag konkretisiert und erhalten Realitätssättigung? Der italienische Regisseur Paolo Pasolini argumentiert in die Richtung der Hesse'schen »gestaltlosen Schatten«, wenn er auf das Wissen der Semiologen rekurriert, »dass die Kultur bestimmte Leitbilder schafft, dass diese Leitbilder das Verhalten bestimmen, dass *Verhalten eine Sprache ist* und dass in einem historischen Moment, wo die Sprache immer mehr im Konventionellen erstarrt und völlig steril (sprich: technisch) wird, die *Sprache des körperlich mimischen Verhaltens* um so ausschlaggebender wird.«[19]

Der heilige Martin war ohne Frage ein solcher Mensch von herausragendem christlichem Profil. Martin war einer, der aus dem Heiligen gelebt und Heiliges getan hat. In Martin zeigt sich, dass das Heilige und das Menschliche ineinander verwoben sind.

Martin ist Patron der Diözese Rottenburg-Stuttgart und ihrer Domkirche. Er soll auch Patron und prägende Leitfigur unserer Pastoral sein, damit sie verdeutlichen und leben kann, dass Gottes- und Nächstenliebe untrennbar miteinander verwoben sind, sie einander bedingen.

Indem wir uns an das Leben und die Praxis der Nächstenliebe des heiligen Martin erinnern, werden seine Gestalt, sein Tun und Handeln in uns lebendig. Der heilige Martin kann und soll den Christgläubigen der Diözese eine wirkmächtige Motivation dazu sein, in seinem, in Jesu Geist zu leben, zu glauben und zu handeln. Seine Taten der Nächstenliebe wie seine ganze Lebensgestalt, sein Tun und Handeln werden so heute lebendig.

Auch Kirchenmusik trägt zur Verlebendigung des heiligen Martin bei, so z. B. in besonderer Weise die Komposition von Peter Alexander Döser, der 2003 eine ›martinus-messe‹ komponierte, die im Rahmen des 175-jährigen Diözesanjubiläums uraufgeführt wurde. Und auch die vom Domorganisten Professor Wolfram Rehfeldt zum gleichen Anlass komponierte Martinusfanfare, die seitdem am Fest des heiligen Martin erklingt, hält die Erinnerung an den Heiligen sozusagen tönend wach. Besonders sei hier das Martinslied im Diözesanteil des Gesangbuchs ›Gotteslob‹ erwähnt: »Sankt Martin, dir ist anvertraut«

(GL 899)[20]. Schließlich wird in diesem Sinne auch die geplante jährliche Martinuswallfahrt zum geistlich-liturgischen Zentrum des Martins-Doms wirken.

Neben dem Dom St. Martinus in Rottenburg gibt es in der Diözese Rottenburg-Stuttgart 75 selbstständige katholische Pfarrkirchen mit dem Patronat des heiligen Martin, darunter die Basilika der großen Abtei Weingarten. Diese Pfarr- und Klosterkirchen sind zusammen mit den zahlreichen Martinuskapellen steingewordene Symbole, sozusagen »gesetzte Zeichen«, um Martins Erbe vorzustellen und zu erinnern: Martinskirchen als Denkmale für die Lebensfigur des heiligen Martin und das Handeln in seiner Spur, in seinem Geist.

Aber die Gestalt des heiligen Martin prägt und gestaltet noch auf vielfältig andere Weise die Pastoral der Diözese, Auswirkungen, die hier ausdrücklich benannt seien, weil durch sie auch die praktischen Folgen der Erinnerung an Martin deutlich werden. So findet sich in der jährlichen diözesanweiten ›Aktion Martinusmantel‹ ein großartiges Engagement vieler Frauen und Männer aus Solidarität mit Arbeitslosen heraus. Sie arbeiten in regionalen Bündnissen mit, begleiten und beraten Arbeitslose, organisieren professionelle Hilfen und bieten Fortbildungs- und Beschäftigungsmöglichkeiten.

Auch so ist die Gestalt des heiligen Martin von Tours zur Leitfigur der Pastoral der Diözese geworden. Er gibt den Gläubigen und den kirchlichen Berufen, den Diensten und Ämtern in unserer Ortskirche Orientierung und Weisung für unsere Zeit: Wendet euch den Schwachen und Bedrückten aller Art zu, sucht die Verlorenen, unterstützt die Unglücklichen! Martin erinnert uns unablässig daran: Die Kirche ist eine diakonische, eine helfende und heilende Kirche. Gestaltlose Schatten begegnen sich nicht. Der heilige Martin ist im Gegensatz dazu eine deutlich profilierte Gestalt, die Spuren hinterlassen hat und bis heute zur Begegnung in Taten der Liebe anstiftet.

In Martin lebt Jesus selbst auf, der ruft, ihm nachzufolgen und in seiner Spur zu handeln: ›Die Verlorengegangenen suchen, die Vertriebenen zurückbringen, die Verletzten verbinden, die Schwachen kräftigen und auch die Fetten und Starken behüten.‹ (vgl. Ez 34,16) Jesus als der Menschensohn ist »gekommen, um *zu suchen und zu retten*, was verloren ist.« (Lk 19,9.10) Jesus geht es um »die Verlorenen«, um die in vielfacher Weise Verlorenen: als Reiche und als materiell Arme, als körperlich Fitte und doch in der Seele Kranke, als Übersehene und von Menschen Zertretene. *Suchen*, was verloren ist: Aufmerksamkeit für die Unsichtbaren, die Vergessenen, Abgeschriebenen und Weggedrückten. *Retten*, was verloren ist, aus ausweglosen und unerträglichen Situationen befreien, Zerrissenes heilen, vor dem Untergang bewahren, neues Leben schenken und ermöglichen.

Die Ausstrahlung der Kirche nämlich ist »niemals unabhängig von ihrer wahrnehmbaren und wahrgenommenen Gestalt, vom konkreten Lebens- und Praxisstil, in welchem sich ›der in ihr herrschende Geist‹ ausdrückt«[21]. Der konkrete Lebens- und Praxisstil der Christen kommt einerseits dem Auftrag des Evangeliums nach und sorgt zugleich dafür, dass die soziale Dimension der Kultur unserer immer mehr im gemeinsamen Europa ankommenden Gesellschaft keinen nachhaltigen Schaden nimmt.

Ein Heiliger wie Martin hat sich in die Spur Jesu Christi begeben und eindrucksvoll vorgelebt, wie Christsein sich im Leben praktisch auswirkt. Christsein lebt im Handeln für den Nächsten. Der Maßstab kirchlicher Glaubwürdigkeit liegt in Caritas und Diakonie. Auf diesem Weg geschieht ein ebenso wirksamer wie unverzichtbarer Vermittlungsprozess zwischen Reich Gottes, Kirche und Gesellschaft. Geht die diakonische Nähe zueinander und die Nähe der Dienste und Ämter in der Kirche zu den Menschen verloren, dann verliert auch der christliche Glaube an Überzeugungskraft und Tradierungsfähigkeit. Die Weitergabe des in Liebe tätigen Glaubens gelingt nur über die personale Nähe zu den Menschen – das gilt in den Gemeinden und Gemeinschaften, aber auch darüber hinaus. Anders ist Glaube heute nicht zukunftsfähig.

Daher ist es vor allem angezeigt, die Zeichen der heutigen Zeit zu erkennen, die sozial-diakonisch-karitative Dimension der Kirche auf die missionarische Grundsituation hin zu bedenken und damit eine zentrale Dimension der Kirche für die Zukunft zu bewahren, zu stärken und neu zu erschließen. Dies gilt umso mehr, als gegenwärtig einerseits entsprechende Einrichtungen der Kirche aus verschiedenen Gründen unter starken Druck geraten und andererseits nicht wenige in der Kirche meinen, Kirche solle sich nicht in Diakonie und Caritas verzetteln. Die Entwicklung in Staat, Politik und Gesellschaft aber fordert die Kirche geradezu heraus, sich der neuen »Armen und Bedrängten aller Art« (GS 1) anzunehmen. Sie greift damit ihre ureigenste Sache, nämlich die Sache des Evangeliums auf, und verfolgt zugleich eine starke Tradition, die so alt ist wie das Christentum und für den missionarischen Erfolg des jungen Christentums von größter Bedeutung war. [22] Im heiligen Martin hat diese Dimension der Kirche eine ausdrucksstarke Gestalt gefunden. Durch die Lebens- und Leitfigur Martin herausgefordert steht die Kirche heute in ihrem Stil christlich-kirchlichen Handelns »vor der Entscheidung zwischen Dienen als Herrschen und Dienen in Teilnahme und Teilgabe«[23].

Martin ist – speziell für die Diözese Rottenburg-Stuttgart – bleibende Mahnung und Aufforderung, wachsam zu sein, Aufmerksamkeit und Sympathie zu schenken, die Fähigkeit mitzuleiden, immer weiter zu entwickeln, nachzugehen dort, wo es Not tut. Denn Christen handeln in der Nachfolge Jesu. Sie suchen aufmerksam und unermüdlich nach all den Verlorenen in der jeweiligen Zeit. Sie suchen, bis sie finden, aufnehmen und heimholen in bergende Räume und Beziehungen. Der Kern eines solchen Christseins lautet: In der helfenden Hinwendung, in der Liebe zum anderen, findet der Mensch zu sich selbst. Ja, mehr noch: Martin zeigt, dass die Begegnung mit dem anderen zu einer wirklichen Christuserfahrung und Gottesbegegnung werden kann. Indem der Mensch dem Menschen nahe kommt, kommt er Gott nahe, erfährt er die liebende Nähe Gottes, die längst für ihn da ist. In den von Martin Buber gesammelten Geschichten der Chassidim heißt es sinngemäß einmal über die Frage eines Schülers an seinen Meister: »Warum begegnen wir heute Gott nicht mehr?« Und der Rabbi antwortet: »Weil wir uns nicht mehr so tief bücken!«[24]

Martin ist Patron, Leitfigur und Impulsgeber der Pastoral unserer Diözese und für die gesamte Kirche: »*Die Kirche verkündet das Evangelium nicht in Worten bloß, sondern durch ihre ganze Lebensgestalt*« (Tertullian).

GEBHARD FÜRST

Martin – Gütesiegel einer diakonischen Kirche

Ich freue mich, viele engagierte Menschen hier im Martinihaus begrüßen zu können zu dieser Feierstunde, die stattfindet, um ein herzliches Dankeschön zu sagen. Ein kräftiges Wort des Dankes für das große Engagement, mit dem sie in den letzten Wochen und Monaten am Zustandekommen eines verzweigten Wegenetzes durch unsere Diözese Rottenburg-Stuttgart mitgewirkt haben, das wohl ohne Übertreibung als Vision eines zukünftigen Europas unter der Signatur des heiligen Martin bezeichnet werden kann. Dabei finde ich es durchaus ein sprechendes Zeichen: Es handelt sich um ein komplexes Netz an verschiedenen Wegen, die die Martinus-Kirchen in unserer Diözese verbinden. So wird durch die Art der Ausgestaltung dieses Weges ein symbolisches Zeichen gesetzt, dass es in einem zukünftigen Europa, das die Wegspur des heiligen Martin als sein Profil trägt, keineswegs darum gehen soll, immer schneller, immer reicher und immer egoistischer voranzukommen. Vielmehr soll auch mit der Erinnerung an den heiligen Martin das Gütesiegel einer diakonischen Kirche einer größtenteils ökonomisch orientierten Gesellschaft beispielhaft verdeutlicht werden, dass der Mensch erst in der Zuwendung zum anderen, hilfsbedürftigen Mitmenschen zu Gott findet – und so zu seinem wahren Selbst; dass erst geteiltes Menschsein wirklich ganzes Leben ist.

Dass erst das Hinabbeugen zu den vielen Bettlern unserer Zeit, zu den Vielen mit zerbrochenen Herzen und verstörten Seelen uns aufgehen lässt, was dieser Gesellschaft zu Beginn des 21. Jahrhunderts fehlt, um sich wirklich menschlich nennen zu dürfen. Wie schön und für die Zukunft verheißungsvoll wird es sein, wenn Pilgerinnen und Pilger auf den Spuren des heiligen Martin diese Dimension des Menschseins entdecken und ihrerseits weitergeben würden. Wenn Menschen auf dem Weg die Augen aufgehen würden für die Fülle eines Menschseins, das in der Spur des heiligen Martin die Zukunft einer diakonisch-missionarischen Kirche zu entdecken ist. Ich freue mich und bin von Herzen dankbar, dass durch die Vernetzung und lebendige Verbindung zu den Bistümern von Szombathely – Geburt – und Tours – Grablege – diese Grundanliegen eines Menschseins in christlichem Verständnis auch über die Grenzen unserer Diözese Rottenburg-Stuttgart, ja über die Grenzen unseres Landes hinaus lebendig und gepflegt werden.

Viele Menschen haben in ganz verschiedener Weise dazu beigetragen, dass dieser Weg in den letzten Monaten entstanden und gewachsen ist. Das Projekt ist mit dem heutigen Schritt keineswegs zu Ende, vielmehr liegen noch manche Aufgaben vor uns, die in Zukunft noch angegangen werden müssen. Aber doch ist dieser Namenstag des heiligen Martin eine sehr gute Gelegenheit, miteinander zu feiern, den begonnenen Weg zu würdigen und vor allem Danke zu sagen:

Es sind wohl weit über 300 Menschen, die sich in den letzten Monaten engagiert haben. Beispielhaft nenne ich hier zu Beginn die Bewohner des hiesigen Martinihauses und vor allem auch Direktor Albrecht, die mit viel Herzblut und Leidenschaft beim Entstehen des Projektes und bei unzähligen konkreten Aufgaben mithelfen.

Ich denke an die vielen Menschen in den Dekanaten und Gemeinden, die bei ihren jeweiligen Etappen und Wegabschnitten die Umsetzung vor Ort leisten.

Zu nennen sind aber auch die vielen Mitarbeiterinnen und Mitarbeiter in den Behörden der Kommunen, der Landkreise und Regierungspräsidien, die vor allem im Zusammenhang mit nötigen Genehmigungsverfahren nicht nur kooperativ, sondern ihrerseits engagiert und hilfsbereit waren.

Ich danke den Mitarbeiterinnen und Mitarbeitern der HA IV und nenne namentlich Herrn Domkapitular Hagmann und Herrn Mario Kaifel, die viel für die geistig-geistliche Grundlegung des Martinspilgerweges tun und dieses Projekt federführend leiten. Prälat Rudolf Hagmann ist einer der Pioniere des Pilgerns und des Geistes einer pilgernden Kirche.

Herzlich danke ich den Mitarbeiterinnen und Mitarbeitern der Firma DATAGIS, die es ermöglichen, dass wir die heutige Feier mit einem ganz konkreten Akt krönen können. Im Verlauf dieses Abends werde ich symbolisch die Internetseite des Martinswegs frei schalten, um so auch ein öffentliches Zeichen davon zu geben, was dieser Weg ist, wo er verläuft und was wir damit verbinden.

Ich danke nicht zuletzt den Damen und Herren der Zentralen Verwaltung des Bischöflichen Ordinariats, die für die Organisation des Abends verantwortlich zeichnen. Und ich schließe meinen Dank mit einem Blick auf die Musikerinnen und Musiker des Ensembles Caminomundo – was für ein Name! –, die nun nochmals ein Musikstück spielen werden, ehe Herr Domkapitular Rudolf Hagmann mit einem geistlichen Impuls zum Thema Pilgern uns alle vertieft einstimmen wird in das, was wir als Christen meinen, wenn wir von Weg und vom Pilgern sprechen.

GEBHARD FÜRST

Martinus – der erste Europäer

Europa eine Seele geben

Mit gutem Recht kann man im Europawahl-Jahr 2009 erneut und gründlich fragen: Was hat Europa mit uns zu tun? Beantworten können wir uns diese Frage am redlichsten aber mit ihrer Umkehrung: Besinnen wir uns darauf, was *wir* mit Europa zu tun haben, was wir Europa geben können.

Denn gerade wir Christen können hierzu Grundlegendes sagen und tun, wir können maßgebliche Orientierungen für Europa und seine Zukunft entwickeln. Ohne Anmaßung lässt sich sagen, dass das Christentum einen Auftrag in und für Europa birgt. Pointiert formuliert: Gerade die christlichen Wurzeln bedeuten Zukunftspotenzial für Europa. Was genau das bedeutet, möchte ich im Folgenden darstellen:

Die Geschichte der Europäischen Union ist eine Erfolgsgeschichte ohnegleichen: Nach den schrecklichen Erfahrungen der beiden Weltkriege und der Überwindung des nationalsozialistischen Totalitarismus brachten ehemals tief verfeindete Völker die Kraft zur Versöhnung und zur Schaffung einer dauerhaften Friedensordnung auf. Sie schufen einen Raum von Freiheit, der den Menschen in einem bisher nicht gekannten Maße Sicherheit, soziale Gerechtigkeit und Wohlstand brachte. Angesichts der großen Herausforderungen, vor denen die Europäische Union heute steht, ist eine Rückbesinnung auf das Ethos, das heißt auf die sittliche Grundhaltung, die dem Projekt Europäische Union zugrunde liegt, notwendig.

Denn die Frage nach den Wurzeln Europas ist entscheidend für seinen zukünftigen Weg. Ich bin davon überzeugt, dass die Rückbesinnung auf das geistig-geistlich-sittliche Fundament des europäischen Projektes heute ebenso notwendig ist wie zu Zeiten der Gründung der Union. Denn wir verfügen heute wie damals weder über eine gemeinsame Sprache noch über eine gemeinsame Religion. Deshalb müssen unsere gemeinsamen Grundhaltungen und Überzeugungen unser Fundament sein.

Als Christen, als katholische Kirche unterstützen wir die Europäische Union und wollen unseren Beitrag leisten für die Stärkung des europäischen Bewusstseins. Europa durchlebt einen einmaligen historischen Prozess, aber es hat weder Klarheit über seine geschichtliche Perspektive noch ein Konzept für seine Rolle im Prozess der Globalisierung. Wie ist es möglich, lokal zu handeln, dabei globale Verantwortlichkeit zu bedenken und wirklich gut europäisch zu sein? Europa ist auf der Suche nach Orientierung!

Für uns Christen lautet dabei die Grundfrage: Wie kann der Geist der Menschlichkeit in der Gesellschaft bewahrt bzw. wiederhergestellt werden? Die Antwort auf diese Frage finden die Christen in der Botschaft des Glaubens und sie müssen sie in den konkreten Fragen und Anliegen unserer Gesellschaften anwenden.

Europa kennt seine christlichen Wurzeln – und bestreitet sie nicht. Jedoch herrscht ein gewisser und durchaus folgenreicher Zwist darüber, *was genau* diesen Wurzeln entsprossen ist. »Das Europa der Kultur und Humanität!«, sagen die einen und verweisen auf die Bibel, die Philosophie und Theologie aus dem Geist des Christentums, auf Kultur und Bildung, die auch und besonders durch die Orden und Klöster in Europa verbreitet wurde. Andere beziehen sich auf große zeitgeschichtliche Persönlichkeiten und verweisen auf Martin von Tours oder Benedikt von Nursia, auf Franziskus oder Elisabeth von Thüringen, Erasmus oder Martin Luther; zu nennen wären auch Michelangelo, Bach und Dostojewski. Das Christentum ist ein Kulturträger erster Ordnung in Geschichte und Gegenwart.

Andere Zeitgenossen aber betrachten gerade das Christentum als Nährboden für ein »Europa des Unfriedens und der Intoleranz«. Sie nennen die Glaubenskriege und die Inquisition, eine Mentalität der Kreuzzüge und der Zwangsmissionierungen als Gründe für die Skepsis, die christlichen Stimmen etwa auch in den Konventsdebatten um die Präambel des Europäischen Verfassungsvertrags entgegenschlug.

So unbestritten auch diese leidvollen Erfahrungen zu einer kritischen Erinnerung an die Traditionsgeschichte des Christentums in Europa gehören, so ist doch ebenso wenig zu unterschlagen: Das Christentum hat wesentlich zum europäischen Verständnis vom Menschen und von der Gesellschaft beigetragen, das den kulturellen Konsens erst ermöglicht, der eine wesentliche Voraussetzung für den Erfolg des europäischen Einigungsprojektes ist. Es geht dabei um die Benennung eines Tatbestandes, der für die Identität Europas wichtig ist, nicht zuletzt auch als Voraussetzung für den Dialog der Zivilisationen und Kulturen. Die Kirche erscheint dabei als eine aus der Geschichte lernende Organisation.

Mit einer solchen Erwähnung der Prägekraft des Christlichen ist auch nicht gesagt, dass die geistige, kulturelle, spirituelle und soziale Prägung Europas exklusiv durch das Christentum erfolgte. Andere Traditionen, die vom Christentum aufgenommen wurden und mit denen es sich auseinandersetzen musste, oder die sich – wie zum Beispiel die Aufklärung – in der Auseinandersetzung mit ihm bildeten, hinterließen tiefe Spuren und haben an der Gestaltung Europas maßgeblich mitgewirkt. Das gilt vor allem für das Judentum, aus dem das Christentum hervorgegangen ist. Deshalb ist es auch zutreffend, von einem jüdisch-christlichen Erbe Europas zu sprechen.

Das Judentum hat in vielerlei Hinsicht, vor allem durch künstlerische, literarische und wissenschaftliche Beiträge, aber nicht zuletzt auch aufgrund der Leistungen jüdischer Gemeinden und Persönlichkeiten in Wirtschaft, Industrie und Handel dem europäischen Selbstverständnis einen gültigen Ausdruck verliehen. Auch der Islam, die dritte große religiöse Tradition, hat die europäische Kultur beeinflusst: Europa verdankt vor allem auch Gelehrten der islamischen Welt die Vermittlung eines großen Teils der Philosophie und Literatur der griechischen Antike.

Wer sich dieses so gewachsene Europa heute anschaut, die Menschen, die Landschaften, die Gesellschaften, die Religionsgemeinschaften, die politischen Systeme und Institutionen und vieles andere mehr, der wird eine große Vielgestalt entdecken. Als Christen bejahen wir diesen Pluralismus ausdrücklich, denn er ist auch Ausdruck der schöpferischen Freiheit, die Gott den Menschen gewährleistet. Damit unterstützen wir nicht alle Formen in diesem Pluralismus, es gibt viel zu kritisieren und vieles kritisch zu begleiten! Aber wir sagen Ja zur Pluralität als Rahmenbedingung für das Wirken der Christen und der Kirchen in diesem Europa. Mehr noch: Europas plurales Christentum ist selbst Teil und Garant der Vielfalt in Europa.

Christliche Perspektiven für Europa sind von großer Aktualität: Sie gehören zu den Strategien einer Humanität und eines Freiheitsbewusstseins, die das politische Europa ursprünglich vor allem einer Religion verdankt – eben *dem Christentum*. Drei konkrete Beispiele, die uns oft nicht bewusst, weil zu selbstverständlich sind: Das Bibelwort von der Gottesebenbildlichkeit des Menschen inspiriert den Gedanken der Menschenwürde und motiviert zur Arbeit an der Gestaltung menschenwürdiger Verhältnisse. Die Einsicht darin, dass nicht nur *einer* oder *wenige*, sondern *alle* frei sind und sein dürfen, und zwar in solidarischer Weise, gründet in Europa weder in der griechisch-römischen Tradition noch in philosophischer Spekulation – geschweige denn in geschichtlich-politischer Erfahrung. Das Christentum ist eine im Ansatz und in ihrem Herzen soziale Religion mit essentiell sozial-diakonischer Dimension. Wollen wir die soziale Dimension unserer Kultur und europäischen Gesellschaft erhalten, ist der Bezug auf die christliche Identität unverzichtbar.

Aus der Krise der Arbeitsgesellschaft führt auf sozialverträgliche Weise keine Strategie heraus, die auf einem ökonomistisch reduzierten Bild des Marktes und des Menschen beruht. Ein Entwurf, der grundlegende Orientierungen wie auch konkrete Lösungen zugleich bereithält, liegt seit langer Zeit in den Grunddaten christlicher Sozialethik vor: Personalität, Solidarität, Subsidiarität. Dabei gilt: Umfassend betrachtet ist der Markt nicht nur *der Ort*, an dem Güter und Dienstleistungen angeboten, nachgefragt und gehandelt werden. Er ist, solange Menschen die entscheidenden Marktakteure sind, auch ein *personales Handlungsgeflecht*. Manche normativen Wirtschaftsethiken sehen daher zu Recht im Menschen als Person nicht nur den Träger, sondern auch den Mittelpunkt und das Ziel der Wirtschaftsordnung, sofern diese der freien und verantwortlichen Selbstentfaltung *aller* dienen soll.

Im Jahr 2001 legte eine Expertengruppe der ComECE, der Kommission der katholischen Bischofskonferenzen der Europäischen Gemeinschaft, mit dem Bericht »*Global Governance. Unsere Verantwortung, Globalisierung zu einer Chance für alle werden zu lassen*« in diesem Sinn das Konzept einer globalen Ordnungspolitik vor, das u. a. auch die Forderung nach stärkerer Überwachung von Finanzsituationen vorsieht. In der Einführung zu diesem Bericht schreiben die Auftraggeber, die bischöflichen Präsidenten der ComECE: »Ernsthafte Bemühungen um den Aufbau eines globalen Ordnungssystems können den Menschen die Gewissheit vermitteln, dass unsere Welt nicht führungslos ist oder außer Kontrolle gerät. Das Wirken für einen verlässlichen globalen Ordnungsmechanismus vermittelt Menschen die Hoffnung, dass globale Fragen künftig gelöst werden, dass Hegemonien jedweder Art vermieden und gleichzeitig die Grundwerte Gerechtigkeit und Freiheit gefördert werden.« Weiter schreiben die Bischöfe: »Eine zentrale Schlussfolgerung des vorliegenden Dokuments lautet, dass die Europäische Union in Bereichen wie Handel, Wettbewerb und Entwicklungsarbeit bei der Weiterentwicklung der bestehenden internationalen Ordnung zu einem globalen Ordnungssystem eine entscheidende Rolle spielt. Der Globalisierungsprozess ist die Folge immensen technischen Fortschritts, der zu einer unvergleichlichen Zunahme des Informationsaustauschs und des Kapital- und Warenverkehrs geführt hat. Zur Bekämpfung von Armut und Ungleichheit hat er dagegen wenig beigetragen. Deshalb hoffen wir, *dass das in diesem Bericht vorgestellte Konzept einer globalen Ordnungspolitik eine neue entwicklungspolitische Richtung weisen wird.*« (Global Governance, Seite 3–5)

Europa und die Europäische Union können und müssen weltweit aus ihren geistig-geistlichen Ressourcen heraus ihren Beitrag leisten. Europapolitisch kann dies heißen, dass Europa in seiner politisch-rechtlichen Verfassung auch die *erste, grundlegendste* Verfassung respektieren und erhalten muss, die sich Menschen überhaupt geben: Grundüberzeugungen und Orientierungen, Werthaltungen, die menschliches Leben und auch Zusammenleben tragen und schützen.

Ein Blick in die Geschichte zeigt: Die Ausbreitung des Christentums geschah durch tätige Nächstenliebe und eine anstecckend-mitreißende Lebensweise: Seht, wie sie einander lieben, durch eine einladend-offene »Zivilisation der Liebe« – und nicht der Ellenbogen. Hierbei stand stets die besondere Zuwendung zum Schwachen, Armen und Benachteiligten im Mittelpunkt. Das Bistum Rottenburg-Stuttgart liegt nicht nur mitten in Europa, sondern es hat mit dem heiligen Martin einen Diözesanpatron, der wie kaum ein anderer in diesem Sinn für die Idee Europas steht: Martin ist mit seinem Lebenslauf, geboren in Ungarn – begraben in Tours, geradezu ein europäischer Heiliger. Auch deshalb ist er für uns heute so bedeutungsvoll. Wie kaum ein anderer versinnbildlicht Martin die soziale, karitative Dimension unserer Kultur und Gesellschaft. Martin ist und bleibt eine Mahnung an uns: Das karitative und soziale Engagement in der Gesellschaft, inspiriert von den Grundprinzipien der christlichen Soziallehre, nämlich Personalität, Solidarität und Subsidiarität, muss auch und gerade in einem größer gewordenen und werdenden Europa lebendig sein und bleiben. Es geht um eine zentrale geschichtliche Entwicklung und ein fundamentales Erbe, das für die Identität Europas wichtig ist, nicht zuletzt auch als Voraussetzung für den Dialog der Zivilisationen und Kulturen.

Mir ist wichtig, festzuhalten, dass wir dies aus der Haltung heraus tun, zum Gelingen dieser Europäischen Union beizutragen. Vor diesem Hintergrund können die Kirchen im Blick auf die Zukunft Europas legitimer Weise beides tun: Die Stärken des europäischen Projekts betonen und unterstützen – und zugleich seine Schwächen aufzeigen, um sie konstruktiv auf

Verbesserungen hin zu kritisieren. Eine europapolitische Botschaft der Kirchen könnte daher lauten: Das Christentum gibt
den Europäerinnen und Europäern nicht nur Wurzeln, sondern
verleiht ihnen auch Flügel! Und dies in einer Zeit, in der Europa
beides braucht: Wurzeln und Flügel. Einerseits Klarheit über
eigene Standorte und Ausgangspunkte, andererseits Inspira-
tion und Mut für innovatives Denken, das über alle momenta-
nen Hindernisse hinweg das Zukunftsträchtige in den Blick
nimmt.

Dass *dieser* Geist christlicher Spiritualität in den Gesellschaften und im Alltagsleben der Menschen in den Ländern und
Regionen immer mehr geerdet wird und so Europas Zukunft
Flügel verleiht, bleibt eine große Herausforderung und Chance
gerade auch der katholischen Verbände. Daher freue ich mich,
dass sie sich für den Tag der Verbände in diesem Jahr intensiv
diesem Thema stellen und möchte nachdrücklich dazu ermun-
tern. Denn speziell die katholischen Verbände stehen an den
Schnittstellen von Kirche und Gesellschaft, sie legen mitten in
der Welt Zeugnis ab von der Kraft unseres Glaubens und vom
Grund unserer Hoffnung, die uns die Welt gestalten und Europa und seine Zukunft heilsam mitprägen lässt.

GEBHARD FÜRST

Brief des Bischofs aus Szombathely in seine Diözese

In Baden-Württemberg neigt sich das Schuljahr seinem Ende entgegen, viele von Ihnen sind sicherlich dabei, sich auf den wohlverdienten Sommerurlaub vorzubereiten. Ich selbst bin für einige Tage gemeinsam mit einer Pilgergruppe aufgebrochen, um in Mariazell miteinander dem Geheimnis unseres Glaubens auf der Spur zu bleiben, miteinander zu singen, zu beten und ins Gespräch zu kommen. Auf dem Weg nach Österreich haben wir bewusst eine Station in Szombathely in Ungarn eingelegt, um am Geburtsort des heiligen Martin in Dankbarkeit und voller Glaubensfreude an den Mann zu denken, der für unsere Diözese wichtige Orientierungsfigur und vorbildhafte Patron ist. Von hier aus möchte ich Ihnen nicht nur herzliche Grüße und meinen bischöflichen Segen für die nächsten Wochen senden, sondern mit Ihnen vielmehr über den heiligen Martin als Leitfigur der Pastoral unserer Diözese Rottenburg-Stuttgart nachdenken.

Liebe Schwestern und Brüder in Rottenburg-Stuttgart, in einer Zeit, in der wir allzu oft unheile Situationen erleben, sind Menschen mit christlichem Profil, wie der heilige Martin, eine Orientierung in vieler Hinsicht. Der heilige Martin war ein Mensch von herausragendem Profil.

Unser Diözesanpatron ist gerade darin ein beispielhafter Heiliger, weil er die Heilsgeschichte Jesu durch seinen eigenen Lebensweg, durch sein Handeln konkret und lebendig werden lässt und uns erschließt. Er gibt den Gläubigen und den kirchlichen Berufen, den Diensten und Ämtern in unserer Ortskirche

Orientierung und Weisung für unsere Zeit: Wendet euch den Schwachen und Bedrückten aller Art zu, unterstützt die Unglücklichen! Martin erinnert uns unablässig daran: Die Kirche ist eine diakonische, eine helfende und heilende Kirche. Wo wir reichlich geben, was wir haben, wo wir teilen und so scheinbar ärmer werden an Zeit, an materiellen Gütern oder an Ansehen, da werden wir in Wirklichkeit reicher. Martin geht nicht vorüber. Martin weicht nicht aus. Martin stellt sich der Situation. Dadurch hinterlässt er uns eine diakonische Spur. Und unsere Welt, unsere Zeit braucht solch christliche Spuren gestalteter Liebe.

Darüber hinaus bin ich fest davon überzeugt: Die Glaubwürdigkeit unserer Kirche, ihre öffentliche Reputation, Relevanz und auch ihr missionarisches Wirken in die Gesellschaft hinein wird von der Verlebendigung der inneren Kraft der Caritas nur profitieren. Denn die Ausstrahlung unserer Kirche ist niemals unabhängig von ihrer wahrnehmbaren und wahrgenommenen Gestalt, vom konkreten Lebens- und Praxisstil, in welchem sich der Geist ausdrückt, der uns bewegt und prägt.

Liebe Schwestern und Brüder, Martin hat sich in die Spur Jesu Christi begeben und eindrucksvoll vorgelebt, wie Christsein sich im Leben praktisch auswirkt. Handeln wie Martin heißt zuerst und zuletzt nichts anderes, als das große Wort aus dem Evangelium »Liebet einander« in vielen kleinen Worten und Taten, Gesten und Handlungen zu leben. Der Maßstab kirchlicher Glaubwürdigkeit liegt eben genau darin. Martin ist – nicht nur für die Diözese Rottenburg-Stuttgart – bleibende Mahnung und Aufforderung, wirklich wachsam zu sein. Der Kern eines Christseins und einer Pastoral, die sich vom heiligen Martin inspirieren lässt, lautet: In der helfenden Hinwendung, in der Liebe zum anderen, findet der Mensch aufgrund einer wirklichen Chistuserfahrung und Gottesbegegnung zu sich selbst.

In unserem Diözesanlied »Sankt Martin, dir sei anvertraut« singen wir daher auch zu Recht: »Sei nun zur Hilf für uns bereit, dass die Gemeinde sich bewährt und Hoffnung trägt in *unsre* Zeit.« Darum geht es heute und in Zukunft: Martin soll als unser Diözesanpatron immer noch mehr zum Impuls für unsere ganze Diözese werden. An diesem Ort kann ich mir heute nichts Schöneres wünschen, als dass es heißt: Die Christen in der Diözese Rottenburg-Stuttgart sind daran zu erkennen, dass sie die Gestalt ihres Christseins durch das Vorbild des heiligen Martin prägen und gestalten lassen.

In diesem Sinn grüße und segne ich Sie alle nochmals von hier aus und bleibe in herzlicher Verbundenheit

Ihr Bischof

+ Dr. Gebhard Fürst

Anmerkungen

1   BO, Registratur, B7n/Martinus-Medaille, Aktenvermerk vom 03.11.1975.

2   Zitate ebd.

3   Ebd., Brief vom 14.01.1976.

4   Erlassen wurde die Ordnung am 1. März desselben Jahres; s. BO Nr. A 462–01.03.02; vgl. KABl. 2002, 59-62; Zitation ebd.

5   Sie basiert auf der bisherigen Praxis der Verleihung von Ehrenzeichen und Ehrentiteln in der Diözese Rottenburg-Stuttgart sowie den hierzu ergangenen universalkirchlichen und diözesanen Ordnungen, wie sie insbesondere in der Instruktion des Staatssekretariates Seiner Heiligkeit über die Verleihung päpstlicher Auszeichnungen vom 13. Mai 2001 Nr. 16.846/ON, in der ›Ordnung kirchlicher Dienste‹ von 1960 (7./A II.1.2.) und von 1980 (7./A II.1.-4., S. 55) sowie im Erlass des Bischöflichen Ordinariates Nr. A 3958 vom 2.7.1991 (KAB1. 1991, S. 573) niedergelegt sind. (vgl. und zitiert ebd.)

6   Ehrungsordnung.

7   Ebd.

8   Ebd.

9   Ebd.

10   Ich danke Frau Wahle-Hohloch hiermit zugleich herzlich für ihre reichen Hintergrundinformationen, die in diesen Beitrag einfließen durften.

11   Vgl. KABl. 12/2009, 319.

12   Unter diesem Zitat des heiligen Martin stand die erste Ausgabe der Urkunde: *»Ich scheue keine Mühen.«* (zumeist als Plural und in der Vergangenheit übersetzt)

13   Bischof Dr. Gebhard Fürst, 2007, Ansprache bei der Feier zum 20-jährigen Bestehen der Aktion.

14   Vgl. Gemeinsames Wort der Bischöfe und Ratsvorsitzenden der EKD, 1997 (»Sozialwort«).

15   Paul Schobel, 2007, bei der Feier zum 20-jährigen Bestehen der Aktion, zitiert im Herrenberger Gäuboten.

16   Vgl. dazu Franz Georg Friemel, Predigt am Fest des hl. Martin in einer Martinspfarrei, in: »Diakonia« Nr. 5, Sept. 1986, 347ff.

17   So steht es geradezu programmatisch auf der Eingangsseite der Homepage seines Seminar für Pastoraltheologie an der Katholisch-Theologischen Fa-

kultät der Universität Bonn, vgl. http://www.uni-bonn.de/www/Katho-lische_Theologie/Einrichtungen/Pastoraltheologie.html.

18 Ebd.

19 Pier Paolo Pasolini, Freibeuterschriften, Berlin 1978, 43, Hervorhebungen durch mich. – Vgl. auch: Bischof Gebhard Fürst. In Gesten und Zeichen. Momente unvermuteter Gottesnähe. Hirtenbrief an die Gemeinden der Diözese Rottenburg-Stuttgart zur österlichen Bußzeit 2003.

20 Vgl. hierzu instruktiv Werner Groß, Sankt Martin, dir ist anvertraut. Die Diözese und ihr Patron, in: Werner Groß/Wolfgang Urban: Martin von Tours. Ein Heiliger Europas, Ostfildern 1997, 151–182, bes. 161–166.

21 Vgl. hierzu Walter Fürst, Martinus als Leitbild der Kirche in Europa. Metamorphose der Mantelteilung, in: Werner Groß/Eckhard Raabe (Hg.), Dokumentation des Jubiläumsjahres 2003. Band 1: Texte, Stuttgart 2004, 41–54, hier 50.

22 Vgl. hierzu v. a. Christoph Markschies, Warum hat das Christentum in der Antike überlebt? Ein Beitrag zum Gespräch zwischen Kirchengeschichte und Systematischer Theologie, Leipzig 2004; Hans-Peter Hasenfratz, Die antike Welt und das Christentum, Darmstadt 2004; Joachim Gnilka, Die frühen Christen. Ursprünge und Anfang der Kirche, Freiburg 1999. Dazu immer noch anregend: Adolf von Harnack, Die Mission und Ausbreitung des Christentums in den ersten drei Jahrhunderten, Leipzig 1924; Georg Ratzinger, Geschichte der kirchlichen Armenpflege, Freiburg 1884; Wilhelm Liese, Geschichte der Caritas, Freiburg 1922; vgl. neuerdings auch: Gebhard Fürst, Wohin geht die Kirche morgen? Kirche auf dem Weg von der Volkskirche zur missionarischen Kirche im Volk, in: Klaus Kiessling/Viera Pirker/Jochen Sautermeister (Hg.), Wohin geht die Kirche morgen? Entwicklung Pastoraler Prioritäten in der Diözese Rottenburg-Stuttgart, Ostfildern 2005.

23 Walter Fürst, Martinus als Leitbild der Kirche in Europa. Metamorphose der Mantelteilung, a.a.O., bes. 47.

24 Vgl. dazu auch Rolf Zerfaß, Wenn Gott aufscheint in unseren Taten, in: Zulehner, Paul M.: Das Gottesgerücht. Bausteine für eine Kirche der Zukunft, Düsseldorf 1987, 95–106.

Quellen

Die Texte sind in folgenden Zusammenhängen entstanden:

Der heilige Martin – sein Leben – seine Nachwirkung:
Joachim Drumm, aus: Joachim Drumm (Hg.), Martin von Tours: der Lebensbericht von Sulpicius Severus, Ostfildern 1997.

Nomen est omen – Begegnung mit Martins-»Trägern«:
Begrüßung bei der Begegnung mit den Martins/Martinas in der Rottenburger Festhalle, 11. November 2009

Martin auf die Spur kommen:
Wort zum Sonntag, SWR 2, 2. September 2007

Gottes Ruf auf der Spur:
Predigt am Hochfest des heiligen Martin im Dom zu Rottenburg, 11. November 2007

Glaube – Hoffnung – Liebe:
Predigt zum Hochfest des heiligen Martin im Dom zu Rottenburg, 9. November 2008

Zeuge der Liebe:
Predigt zum Fest des heiligen Martin im Dom zu Rottenburg, 13. November 2005

»Gestaltlose Schatten« (H. Hesse) oder Mensch sein mit Profil
Predigt im Pontifikalamt zum Fest des heiligen Martin in St. Moriz, Rottenburg, 11. November 2002

Martins Botschaft – aktueller denn je:
Predigt in der Vesper, Langenargen St. Martin, 10. November
2002

»Gott und den Menschen nahe« – Martinus konkret:
Predigt bei den Ordensrittern vom Heiligen Grab zu Jerusalem

Gottes heilsame Gegenwart erfahren – Auftrag an uns:
Predigt im Pontifikalgottesdienst zum Fest des heiligen Martin
im Dom zu Rottenburg, 9. November 2003

»Gerechtigkeit und Frieden küssen sich«:
Predigt beim Pontifikalamt am Fest des heiligen Martin, Leutkirch St. Martin, 11. November 2003

»Sorgt als Hirten für die euch anvertraute Herde«
Kurzansprache bei der Martinsvesper, 10. November 2005

Martinsverehrung – mehr als Brauchtum
Predigt im Pontifikalamt am Fest des heiligen Martin im Dom
zu Rottenburg, 11. November 2009

Martin im Auge – den Nächsten vor Augen:
Wort zum Sonntag, SWR 2, 4. Februar 2007

Denkmal, das uns mahne:
Predigt bei der Feier der Wiedereröffnung des renovierten
Doms St. Martin, Rottenburg, 6. April 2003

Martin – ganz für den Nächsten da:
Predigt zum Hochfest des heiligen Martin im Dom zu Rottenburg, 12. November 2000

Martin – unsere Leitfigur:
Gekürzter Beitrag von Gebhard Fürst, aus: Ulrich Feeser-Lichterfeld/Reinhard Feiter (Hg.), Dem Glauben Gestalt geben. Festschrift für Walter Fürst, Berlin-Münster-Wien-Zürich-London 2006

Martin – Gütesiegel einer diakonischen Kirche:
Begrüßung bei der Feier zur Internet-Freischaltung des Martinuswegs im Martini-Haus, Rottenburg,11. November 2010

Europa eine Seele geben
Grußwort beim Tag der Verbände, Stuttgart, 10. Januar 2008

Brief des Bischofs aus Szombathely
Brief an die Gläubigen der Diözese Rottenburg-Stuttgart, im August 2007

Alle anderen Beiträge sind für dieses Buch geschrieben worden.

Bildnachweis

S. 13: Martinus-Skulptur von Karl Ulrich Nuss, Rottenburg. Foto: Bischöfliche Pressestelle, Rottenburg

S. 39: Traum des hl. Martin, Neustadt am Main, um 1150, jetzt Mainfränkisches Museum, Würzburg

S. 65: Mantelteilung des hl. Martin. – Krümme des Bischofsstabes von Joannes Baptista Sproll (1870–1949); Wilhelm Rauscher, Fulda 1919

S. 99: Mantelteilung, Oberschwäbischer Meister, um 1440, Diözesanmuseum Rottenburg

S. 119: Tod und Translation des hl. Martin von Candes nach Tours, Sakramentar Marmoutier, 12.–14. Jahrhundert, Stadtbibliothek Tours